TAO
für den Westen

TAO
für den Westen

WEISHEIT,
DIE UNS NOTTUT

Ausgewählt, kommentiert
und herausgegeben von
Knut Walf

Kösel

Mit 21 Abbildungen

Die Illustrationen S. 23, 39, 55, 94, 107, 131, 143, 159 und 173 sind der chinesischen Originalausgabe des Buches »Malanleitungen aus dem Senfkorngarten«, Schanghai 1984, entnommen; sie stammen von den drei Brüdern Wang aus dem 17. Jahrhundert.
Die Pinselzeichnungen berühmter chinesischer Maler des 20. Jh. sind dem *Neuen Album bemalten Briefpapiers mit Gedichten,* hrsg. von (dem Verlag) Rung-Bau-Dschai, Beijing 1951/1955 entnommen.: S. 32, 61, 79 (Pu Hsin-Yü), S. 48 (Chi Pai-Shih), S. 67, 120, 134 (Ma Chien), S. 87, 100, 149 (Chang Ta-Chien), S. 167 (Hsü Yän-Sun) und S. 177 (Yen Po-lung).

Druck und Bindung: Kösel, Kempten
Umschlaggestaltung: Kaselow Design, München
Umschlagmotiv: Chinesische Pinselzeichnung
(20. Jh.) aus dem *Neuen Album bemalten Briefpapiers mit Gedichten,* s.o.

1 2 3 4 5 · 01 00 99 98 97

Gedruckt auf umweltfreundlich hergestelltem Werkdruckpapier (säurefrei und chlorfrei gebleicht)

INHALT

Meiner Mutter Hedy Danzebrink
gewidmet – in Erinnerung an
meinen Vater Georg Walf –
vermisst seit März 1945
in Küstrin / Oder

VORWORT

Ein jeder muss ES für sich selbst finden!

Han Shan (7. Jh.?)

»Es gibt für einen Menschen keine Lektüre, die ihn näher angeht als die der frühen chinesischen Philosophen«. Das rasch zunehmende Interesse für den (philosophischen) Taoismus in Europa und Nordamerika bestätigt die Behauptung des Literaturnobelpreisträgers Canetti aus dem Jahre 1976.

Ich will den Versuch unternehmen, mit diesem Buch Menschen im Westen zum Tao hinzuführen, vielleicht sollte ich besser sagen: Ich möchte sie für das Tao empfänglich, ja empfindlich machen.

Was Tao ist, kann letztlich nicht gesagt werden (Tao Te King 1). Dennoch haben die Taoisten dies immer wieder versucht. Und deshalb sollte man auch zunächst deren Texte lesen und sich die Inhalte dieser Texte meditierend aneignen. Lässt man sich auf die Taoisten ein, wird man nicht von einer Welle von Gedrucktem überspült. Die Lehrer des Tao standen dem Wort eher misstrauisch gegenüber. Aber gerade ihr karger Gebrauch der Sprache führte zu literarischen Gipfelpunkten nicht nur im Kontext chinesischer Literatur und Philosophie. Ihre Schriften sind auch bislang kaum wieder erreichter Ausdruck der Sprachfähigkeit des Menschen überhaupt. Insbesondere Lau Dse, dem zu Recht eine »quietistische« Ausrichtung in Sachen der Sprache nachgesagt wird, war »ein vollendeter Meister der Sprache, deren Reiz heute, über einen Abgrund von Raum und Zeit hinweg« (Kah Kyung Cho) Menschen unserer Zeit und Menschen im Westen fasziniert. Lau Dse tritt nicht für völlige Schweigsamkeit ein, ein Missverständnis, das selbst bei älteren Chinesen wie Po Chü-i aufkam. Ähnlich der Botschaft vom Wu-Wei (»Nicht-Handeln«) verkündet Lau Dse hingegen rechtes Reden zur rechten Zeit.

Aber das Tao ist nicht nur, vielleicht nicht einmal in erster Linie durch die Texte nahe zu bringen. Es ist auch auf andere Weise erfahrbar

– mit allen menschlichen Sinnen, ob nun bei der Betrachtung der Natur oder beim Fühlen der oder des Geliebten, aber auch beim Hören der Musik, beim Riechen der Blumen oder – neben manchem anderen – von rohem, unbearbeitetem Holz, dessen Bezeichnung (phu) bei den Taoisten als Spitzname für Tao gilt. Und nicht zuletzt beim Lesen der Dichter. Dann immer kann auf einmal jenes Unaussprechliche anwesend sein, das der große Unbekannte Han Shan ES nennt und das man (auch) als Tao bezeichnet:

UND TREFF ICH einen Alten irgendwo
im Wald, der Brennholz sammelt,
bleib ich stehn.
Wir plaudern, lachen – und dann ist's mir so,
als müsst ich nie mehr wieder heimwärts gehn.

Der chinesische Dichter Wang We (699-759) drückt so aus, was ich nur andeuten kann. Wir können diese Erfahrung anderen vielleicht gar nicht, schwerlich oder selten vermitteln. Aber für jeden Menschen, dafür von Natur aus sensibel oder im Laufe eines Lebens sensibilisiert, ist das spürbar, was Chinesen Tao nennen.

Ernst Schwarz, mittlerweile mein älterer Freund, kann hier nicht unerwähnt bleiben. Seine zahlreichen, einfühlsamen Übersetzungen der klassischen chinesischen Literatur vermitteln Tao in bislang nicht erreichter Weise und Tiefe in die deutsche Sprache. Seine Übersetzungen haben auch mich wie viele andere Menschen in den deutschsprachigen Ländern und Gebieten angesprochen, ja nicht selten angerührt. Ganz offensichtlich hat er die Texte, die er dann später ins Deutsche übersetzte, viele Jahre mit sich herumgetragen und erwogen, bevor er sie einem breiten Lesepublikum vermitteln wollte und konnte. Das gilt ganz besonders für seine Übersetzung des Lau Dse. Aber auch etwa für sein Buch »So sprach der Weise«. Gleich Lau Dse selbst wurde er oft genug von anderen gedrängt, seine Bücher zu schreiben und Übersetzungen zu verfertigen ...

In einer Einführung versuche ich, die Bedeutung der Lehre vom Tao für Menschen im Westen zu vermitteln. Neben einer Beschreibung der klassischen taoistischen Literatur steht eine Darstellung des häufig übersehenen oder eher negativ beurteilten »Volkstaoismus« (didaktischer Taoismus). Das »nicht sagbare« Tao wird mit Hilfe seiner »Zustände« umkreist und im Rahmen des Möglichen umschrieben. Im Hauptteil folgt eine Auswahl philosophischer und literarischer Texte von Taoisten zu einigen Themen (z.B. Kosmos, Leben und Tod, Gut und Böse). Es schließen sich Zeugnisse von vornehmlich Menschen des 20. Jahrhunderts an, die die Bedeutung des Taoismus für die heutige Zeit verdeutlichen.

Aus Gründen der Verständlichkeit werden in diesem Buch in der Regel die eingeführten älteren Bezeichnungen bzw. Begriffe Tao, Taoismus, taoistisch verwendet. Neuere Publikationen verwenden zutreffend eher die Schreibweise Dao oder Dau, Daoismus, daoistisch usw. Ähnliches gilt für die Wiedergabe chinesischer Namen: Statt Lau Dse gibt es im Deutschen die Schreibweise Laotse, Laozi und weitere andere, für Dschuang Dse Tschuang Tse, Zhuangzi usf. Vergleichbares findet sich für weitere Namen, Begriffe und Wörter.

Nijmegen (Nimwegen) im Februar 1997
Knut Walf

11

EINE EINFÜHRUNG

Die Weisheit, die uns nottut,
steht bei Lao Tse.

Hermann Hesse

Die Auffassung, dass alles, was ist, seinen Ur-
sprung in einem einheitlichen Prinzip hat, ist
Gemeingut des traditionellen chinesischen
Denkens. Dieses Prinzip wird Tao (oder Dau)
genannt, was so viel wie Weg bedeutet; als
Verb bezeichnet Tao aber auch »führen«, »den
Weg weisen« oder »den Weg gehen«. Andere
Möglichkeiten, auf die Übersetzer in westliche
Sprachen kamen, werden später noch genannt.
Das große chinesische Zeichenwörterbuch aus
dem Jahre 1915 nennt immerhin 46 verschie-
dene Bedeutungen für »tao«. »Tao« ist ein kon-
kreter Begriff, aber eben auch ein philoso-
phisch-abstrakter und religiöser. Tao bedeutet

– wie gesagt – sehr allgemein »der Weg«. Im Kontext der taoistischen Lehren hat er jedoch die Bedeutung »begangener Weg«. Es tritt also der Faktor Zeit hinzu. Ja, man könnte auch von einer Tätigkeit oder von einem Handlungsaspekt sprechen, etwa in dem Sinne: seinen Weg gehen. Hieraus ergibt sich eine weitere Variante von Tao: das jedem Seienden eigene Verhalten. Diese Form des Tao steht wiederum mit dem Tao, das alles durchdringt, in Verbindung, ja bildet eine Symbiose: Tao ist dann das Einheitsprinzip des gesamten Kosmos. Tao ist jedem Seienden eigen und ist zugleich das Sein.

Langes Abwägen hat schließlich dazu geführt, auch in diesem Buch die im Deutschen bislang gebräuchliche Schreibweise Tao bzw. Taoismus usw. zu verwenden. Unter dem Einfluss des Englischen ist dies auch die international gebräuchliche Schreibweise. Der chinesischen Aussprache entspricht diese Schreibweise jedoch nicht. Man müsste von Dau bzw. Dauismus sprechen, und zwar mit einem D ohne Aspiration.

Die Lehre vom Tao ist die Basis für alle Religionen sowie für alle philosophischen und ethischen Richtungen oder Systeme des alten

China. Seine Anfänge sind dunkel, liegen in vorhistorischer Zeit. Im I Ging (Buch der Wandlungen), dem vermutlich ältesten, in vollem Umfang überlieferten Buch (6., vielleicht schon 7. Jh. v.Chr.), lebt die Tao-Lehre: Hinter der Wandlung steht das unwandelbare, unvergängliche Tao.

Chinesische Geschichte ist über weite Strecken durch die Spannungen zwischen Taoisten und Konfuzianern geprägt. Aber auch Konfuzius ging mit seinem ethischen System vom Tao aus. Tao ist für ihn das Prinzip der Weltordnung. Diese »Gemeinsamkeit« hat dazu geführt, seit Anfang des 20. Jahrhunderts von einem chinesischen »Universismus«[1] zu sprechen; dieser Auffassung wird jedoch zu Recht in letzter Zeit widersprochen[2]. Jedenfalls reicht die chinesische Lehre vom Tao zum einen vor die Zeit des Taoismus zurück, zum anderen spielt sie auch außerhalb des Taoismus eine wichtige Rolle.

Wie aber der Name sagt, stützt sich vornehmlich der so genannte Taoismus auf die Tao-Lehre. Die frühen Taoisten, die »Klassiker« des Taoismus wie Lau Dse, Dschuang Dse oder Liä Dse geben dem Begriff Tao eine umfassendere Bedeutung. Tao wird – in westlicher

Terminologie gesprochen – zu einem metaphysischen Begriff. Schon in magischer Zeit ist Tao vermutlich der Name des Gottes der Wege gewesen. Insbesondere durch Lau Dse wird Tao als Bezeichnung für den namenlosen Ursprung alles Seienden gesehen.

Was nun den Taoismus betrifft, wird häufig und auch vollkommen zu Recht zwischen dem philosophischen Taoismus von Lau Dse und anderen und dem so genannten Volkstaoismus unterschieden. Der Volkstaoismus wird als Volksreligion mit magischen Zügen, voll Aberglaubens und schamanistischen Gebräuchen zumeist abwertend dargestellt. Das hatte bis in die Gegenwart zwei Folgen: Zum einen wurde dem Taoismus von westlichen Forschern weniger Beachtung geschenkt als dem Konfuzianusmus. Zum anderen wird häufig wegen der Vorbehalte gegenüber dem Volkstaoismus eine deutliche Scheidung zwischen diesem und dem philosophischen Taoismus vollzogen. Nur wenige Wissenschaftler (wie etwa K.M. Schipper[3]) sehen die Zusammenhänge, die tiefen und natürlichen Bindungen zwischen beiden Erscheinungsformen der Tao-Lehre im Taoismus. Statt von Volkstaoismus sollte man auch eher von »didaktischem Taoismus« sprechen.

In den westlichen Ländern ist das Interesse zumindest am philosophischen Taoismus während der letzten Jahrzehnte außerordentlich gewachsen. Die Ausgaben und Übersetzungen der taoistischen Klassiker sind im anglo-amerikanischen Bereich kaum noch zu überschauen; auch in Frankreich und den deutschsprachigen Ländern sind die wichtigsten Schriften heute in mehr oder weniger guten Übersetzungen zu erreichen.

Bekannte zeitgenössische Dichter und Schriftsteller bekennen, dass sie sich nicht nur mit den Taoisten befassen, sondern auch aus deren Schriften Anregungen und Antworten auf ihre Fragen erhalten. Stellvertretend für viele andere seien der Träger des Literaturnobelpreises von 1981, Elias Canetti, sowie Peter Handke und Luise Rinser aus dem deutschen Sprachraum genannt[4]. Canetti schreibt in seinen Aufzeichnungen »Die Provinz des Menschen«, der Taoismus sei die Religion der Dichter – »auch wenn sie es nicht wissen«[5].

Auch in unserem Jahrhundert haben sich zahlreiche bekannte Philosophen mit der Tao-Lehre befasst. Zu nennen sind Jaspers, Jung, Bloch und Heidegger. Jaspers schrieb eine vergleichende Studie über Lau Dse und den Inder

Nagarjuna, einen buddhistischen Philosophen (2. Jh. n.Chr.)[6]. Jung veröffentlichte und kommentierte in Zusammenarbeit mit dem deutschen Theologen und Sinologen R. Wilhelm das taoistische Meditationsbuch »Das Geheimnis der Goldenen Blüte« (Tai I Gin Hua Dsung schi)[7]. In Blochs Hauptwerk »Das Prinzip Hoffnung« findet sich eine mit großer Kenntnis und viel Einfühlung geschriebene Darstellung der Lehre des Lau Dse[8]. Heidegger schließlich arbeitete zusammen mit dem Chinesen Shih-Yi-Hsiao an einer Übersetzung des Buches von Lau Dse[9]. Aber auch Theologen haben sich für die taoistischen Klassiker interessiert. Der jüdische Philosoph und Theologe Martin Buber gab eine Sammlung der »Reden und Gleichnisse des Tschuang-Tse«[10] heraus, ebenso der katholische Mönch Thomas Merton[11]. Buber veröffentlichte zugleich eine ausgezeichnete Darstellung über »Die Lehre des Tao«[12]. Dass sich Hermann Hesse intensiv mit den taoistischen Klassikern befasst hat, lassen seine Bücher deutlich erkennen.[13]

Die klassische taoistische Literatur

Das wichtigste Buch des Taoismus ist das des Lau Dse, das »Tao Te King« (oder »Daudedsching«), ein Buch, das in seiner Bedeutung mit der Bibel zu vergleichen ist und auch ein nach der Bibel am meisten verbreitetes Buch der Weltliteratur sein dürfte[14]. Sein Verfasser soll Lau Dse gewesen sein. Es ist jedoch bis heute wissenschaftlich nicht geklärt, ob Lau Dse eine historische oder eine legendäre Person ist. Über Lau Dse's Leben existieren verschiedene, sich zum Teil widersprechende Berichte und Geschichten. Ob überhaupt oder wann er gelebt hat, ist bislang ungeklärt geblieben. Nach traditioneller Auffassung, die bis heute in chinesischen, aber auch westlichen Darstellungen wiedergegeben wird, soll das Tao Te King im 6. Jahrhundert v.Chr. entstanden sein. Die neuere Forschung hingegen nimmt an, dass das Buch erst um 300 v.Chr. aus wahrscheinlich sehr viel älteren Texten zusammengestellt worden ist. Diese Hypothese erklärt auch gewisse chronologische Ungereimtheiten, so etwa die, dass Lau Dse bereits in viel älteren Schriften, u.a. auch von Dschuang Dse erwähnt wird, übrigens dort als

Zeitgenosse des Konfuzius, dessen Lebensdaten ziemlich genau anzugeben sind (ca. 551-479 v.Chr.)[15]. Sätze aus dem Tao Te King finden sich zudem bei Liä Dse (4. Jh. v.Chr.) und in der ersten Enzyklopädie des alten China, »Frühling und Herbst des Lü Bu We« (3. Jh. v.Chr.)[16].

Das Tao Te King ist auch und dies besonders in China selbst als Buch des Lau Dse bekannt. Im Allgemeinen fand es jedoch nicht unter dem Namen seines angeblichen Verfassers, sondern unter jenem Titel Verbreitung, der seine wesentlichen Inhalte bezeichnet. Tao Te King bedeutet: (Heiliges) Buch von Tao und Te. Te (oder De), das sei hier bereits angemerkt, hat bei Lau Dse einen doppelten Sinn: Eigenschaft(en) des Tao und Handlungen des Menschen, der dem Tao folgt. Dieser Titel »Tao Te King« ist vermutlich erst nach der Zeitenwende aufgekommen (3. Jh. n.Chr.?). Seit kurzem gibt es neuere Funde in China, die in das 2. Jh. v.Chr. zu datieren sind; in diesen älteren Texten wird allerdings zunächst über das Te, dann erst über das Tao gesprochen. Das Tao Te King, wie es uns überliefert wurde, ist in zwei Abschnitte unterteilt, die zusammen 81 Kapitel zählen: Der erste Teil

(Kap. 1-37) ist stärker dem Tao, der zweite Teil (Kap. 38-81) eher dem Te gewidmet.

Wie gesagt, ob oder wann eventuell Lau Dse gelebt hat, kann nicht festgestellt werden. Sein Name bedeutet »Alter Meister«. Gelegentlich wird er auch Lao Tan genannt; das ist: »Weises Langohr«. Sein Sippenname soll Li gewesen sein, sein Vorname Er (= Ohr) und sein Beiname Boyang. Gemäß der Tradition war Lau Dse von Beruf Archivar am Hof des Dschu-Königs. Diese und ähnliche Angaben finden sich in den »Historischen Aufzeichnungen« (Schid-schi) des Hof-Historiographen Si-ma Tschien (145-79 v.Chr.). Inwiefern seine Mitteilungen über den »Alten Meister« historisch zutreffend oder legendären Ursprungs sind, muss – wie gesagt – bislang eine offene Frage bleiben.

Das bedeutendste taoistische Buch neben dem Tao Te King ist jenes des Dschuang Dse (gleich Meister Dschuang) und trägt den Titel »Wahres Buch vom Südlichen Blütenland«[17]. Die Lebensdaten des Dschuang Dse sind historisch einigermaßen gesichert (ca. 350 – ca. 300 v.Chr.). Bei seinem Buch handelt es sich um eine Sammlung von Schriften, die wohl nur zu einem geringen Teil (vermutlich nur das erste »Buch«) von Dschuang Dse selbst verfasst worden sind. Die anderen Teile (insgesamt sind es 26 »Bücher«) wurden von seinen Schülern und möglicherweise von noch sehr viel späteren Taoisten aufgeschrieben.

Während es sich beim Tao Te King um eine Sammlung von zum Teil gereimten Sprüchen handelt, kleidet Dschuang Dse seine Gedanken in kurze Geschichten, die oft Gespräche oder Dialoge wiedergeben. In vielen seiner Bilder oder Beispiele werden alte, durch die Sänger und Märchenerzähler tradierte Inhalte zur Erläuterung herangezogen. Obwohl das Buch des Dschuang Dse aus einzelnen Erzählungen besteht und keinerlei Systematik zu erkennen ist, wird man es als einen der Höhepunkte der chinesischen Philosophie und auch der Weltliteratur betrachten können. Sein Buch ist im Unterschied zum Tao Te King, das die Realität der Welt interpretierend beschreibt, von tiefer Skepsis geprägt, Skepsis gegenüber den eigenen Sinnen, Skepsis aber auch gegenüber der Welt insgesamt. Zeugnis dieser Einstellung ist die kurze Erzählung »Schmetterlingstraum«:

»Ich, Dschuang Dse, träumte einmal, ich sei ein Schmetterling, der glücklich hin und her

flatterte, der sich am Leben erfreute, ohne zu wissen, wer ich war. Plötzlich erwachte ich, und wirklich war ich wieder Dschuang Dse. Träumte nun Dschuang Dse, dass er ein Schmetterling, dass er Dschuang Dse sei? Irgendeine Unterscheidung zwischen Dschuang Dse und dem Schmetterling muss es ja geben. Es handelt sich wohl um einen Fall von Verwandlung«[18].

Zu den großen Büchern des Taoismus zählt ferner jenes des Liä Dse, das den Titel »Das wahre Buch vom quellenden Urgrund« trägt[19]. Ähnlich wie das Buch des Dschuang Dse besteht auch dieses aus Erzählungen sehr unterschiedlichen Inhalts. Neben phantastischen Geschichten enthält das Buch eine interessante Darstellung der Evolution und naturphilosophische Überlegungen, die durchaus modern anmuten.

Als einer der direkten Schüler des Lau Dse gilt Wên Dse, der im Unterschied zu Dschuang Dse und Liä Dse die taoistische Lehre in wissenschaftlicher Weise behandelt. Sein Werk wurde durch Schüler aufgezeichnet. Deshalb konnten auch in seinem Fall keine sicheren Lebensdaten festgelegt werden (3. Jh. v.Chr.?)[20].

Der didaktische Taoismus

Wie bereits gesagt wurde, wird zwischen dem philosophischen Taoismus und dem so genannten Volkstaoismus unterschieden. Dabei wird der Erstere positiv, der Zweite eher negativ akzentuiert. Auch werden sie häufig voneinander abgesetzt, als hätten sie nichts miteinander zu tun, als wären sie sich gegenseitig fremd. Das ist unrichtig und bedarf der Nuancierung.

Chinesen sind praktische Menschen. Auch besitzen Chinesen im Allgemeinen kaum metaphysische Neugier. Religiöse Fragen werden eher pragmatisch abgehandelt: »Ohne Anliegen besuche nicht die Tempelhalle« – heißt es in einem allerdings ironisch gemeinten chinesischen Sprichwort. Anders gesagt: Chinesen geht es in erster Linie um eine sinnvolle Gestaltung des »irdischen« Lebens. Die Transformierung der Tao-Lehre in sehr nützliche, lebensnahe und dem Leben dienende Praktiken ist nur so zu verstehen. Oder anders gesagt: Während im Westen im Allgemeinen eine strenge Scheidung des Irdischen und des »Metaphysischen« besteht, haben Chinesen es verstanden, die Erkenntnisse der Tao-Lehre in das tägliche Leben hereinzuholen. Aufbauend auf den Erkenntnissen der taoistischen Weisen wurden durch unbekannte Praktiker und Techniker Methoden für eine Vielheit von Lebenssegmenten entwickelt, vornehmlich im Hinblick auf die Förderung der Gesundheit: Atemtechniken, Bewegungskünste (Tai Chi!), Ernährung und besonders auch sexuelle Methoden. Nun kann allerdings nicht ausgeschlossen werden, dass die Praktiken, Techniken und Methoden älter, ja sehr viel älter als »der« philosophische Taoismus sind, dass also dieser eine intellektuelle, theoretische oder eben philosophische Reflexion dieser Praktiken ist. Dafür gibt es keine Beweise, sondern nur Vermutungen.

Fest steht, dass ungefähr in der Entstehungszeit der klassischen taoistischen Schriften, also etwa im 3. vorchristlichen Jahrhundert, eine eigene »praktische« taoistische Literatur entstanden ist. Sie wurde um die Zeitenwende sogar in einem amtlichen Verzeichnis unter der Bezeichnung »Tao-tschao« zusammengefasst, was etwa Tao-Lehre bedeutet, aber eben im Sinne einer Unterrichtslehre (gleich Didaktik) im Tao. Darum kann (und sollte) man dies als didaktischen Taoismus bezeichnen.

Zum didaktischen Taoismus zählt auch die ursprüngliche chinesische Volksreligion mit ihren Übungen, Riten und Symbolen, die bereits vor dem später alles beherrschenden Konfuzianismus bestand. Im China vor der Befreiung (1949) gab es diese Form des Taoismus in reicher Fülle; man trifft ihn heute noch in den altchinesischen Gesellschaften auf Taiwan und in Hongkong/Macao, Malaysia und Singapur an. Auch in der VR China lebt diese Form der Volksreligion wieder langsam auf.

Die Tao-Priester sind Nachfolger der Schamanen der archaischen Religionen Nordasiens. Wegen der Sowjetisierung dieser Gebiete kommen sie dort kaum noch vor; beachtliche Reste dieser archaischen Schamanenreligion gibt es allerdings noch in Südkorea.

Die chinesische Volksreligion taoistischer Prägung weist viele Gemeinsamkeiten mit der Volksreligion anderer Kulturen und Zeiten auf. So sind Übereinstimmungen mit dem tibetischen Buddhismus, dem so genannten Lamaismus, nicht zu übersehen. Aber manches mutet geradezu »katholisch« an: So kennt diese Religion Dank- und Sühneopfer, Totenmessen. Es gibt eine Art Beichte mit nachfolgender Absolution usw. Wie in anderen Volksreligionen auch, hat sich auch in der chinesischen viel Aberglauben eingenistet. Dabei haben die Chinesen »Glauben« wie Aberglauben von ihrem Nützlichkeitsstandpunkt aus auf ihren Wert beurteilt. Darauf stellten sich wiederum die Priester ein, die dem Volk in allen erdenklichen Nöten und Sorgen Rezepte anboten, also etwa gegen Krankheiten, Liebeskummer, Schwierigkeiten mit der Staatsgewalt oder bösen Nachbarn usw.

Wichtiger aber als diese Variante des Taoismus, die natürlich am ehesten Parallelen mit anderen Religionen aufweist und deshalb auch am ehesten zum Vergleichen reizt, ist die Leistung des didaktischen Taoismus, vorwissenschaftliche und schließlich auch wissenschaftliche Methoden und Techniken aus – teilweise – vorgeschichtlicher Zeit in die Gegenwart überliefert zu haben. Über die Hälfte der Schriften des didaktischen Taoismus sind Methoden der Lebenserhaltung oder eines gesunden Lebens gewidmet. Deshalb ist die traditionelle chinesische Medizin ohne Kenntnis des Taoismus und der Tao-Lehre nicht zu verstehen. Hierbei geht es letztlich um die Pflege des *chi*, das heißt der Lebensenergie.

VARIATIONEN ÜBER TAO

Von der Tao-Lehre, vom Taoismus, vom Begriff Tao muss etwas Faszinierendes ausgehen. Anders ist das zunehmende Interesse auch im Westen nicht zu erklären. Es könnte natürlich auch sein, dass wir es hier und heute mit einer Modeerscheinung zu tun haben. Nachdem sich während der letzten Jahrzehnte viele Menschen in den westlichen Ländern mit dem Hinduismus oder dem Buddhismus befasst haben, könnte nun die Zeit des Taoismus gekommen sein. Doch zeigen sich hier bereits Unterschiede: Während Hinduismus wie Buddhismus über kürzere oder längere Zeit zur Bildung von Gruppen oder Gemeinschaften inspirieren, trägt das »Vordringen« taoistischen Gedankenguts im Westen Züge des Individualistischen. Es geschieht etwas in der Stille und in Einzelnen. Während in den westlichen Ländern zahlreiche neohinduistische oder neo-buddhistische Gemeinschaften entstanden sind, ist dies nicht unter dem Einfluss taoistischen Gedankengutes geschehen. Noch nicht? Vermutlich hat dies aber doch alles mit der Tao-Lehre zu tun. Im Taoismus gibt es im Unterschied zu anderen Religionen keine Stifter-Figuren. Wie bereits deutlich wurde, sind die Daten über die Historizität der taoistischen Klassiker äußerst dürftig oder zumindest unzuverlässig. Offenbar war die Überlieferung von Lebensdaten für Taoisten von untergeordneter Bedeutung. Und eines ist im Taoismus bis in die Gegenwart unverändert geblieben: Nicht die Person, auch nicht die des Lehrers oder »Meisters« ist wichtig. Wichtig ist allein Tao. Diese Auffassung hat wiederum ein tiefes Misstrauen gegenüber dem Wort zur Folge. Selbst Lau Dse wurde davon getroffen. Im Tao Te King findet sich eine Aussage, die übrigens im 20. Jahrhundert gelegentlich zitiert wurde (etwa von Wittgenstein oder Rathenau), ohne an deren Urheberschaft zu erinnern, weil man vermutlich davon nichts wusste (s. Nr. 1)[21].

Einer der bekanntesten chinesischen Dichter, Po Chü-i (772-846), schrieb dazu – auf seinem Sterbebett:

›DIE DA REDEN, wissen von nichts,
Die da wissen, bewahren das Schweigen.‹
Es heißt, dass diesen Ausspruch
Lao Dse einst getan.
Sollen wir glauben, dass Lao Dse
Selber ein Wissender war,
Wie kommt es dann, dass er ein Werk
Von fünftausend Worten verfasste?‹ [22]

Wenn man nun weiß, dass Po Chü-i häufig
Gast in Klöstern der zen-buddhistischen Rich-
tung war, kann man sein Erstaunen über Lau
Dse gut begreifen. Die Legende über die Entstehung des Tao Te King zeigt aber auch, dass
Lau Dse sein Buch nicht aus eigenem Antrieb
geschrieben hat, sondern auf Wunsch eines
einfachen Mannes, eines Grenzwächters oder
Zöllners. Bertolt Brecht hat diese Legende in
einem ergreifenden Gedicht erneut aufge-
schrieben [23].
Hier sollte angefügt werden, dass der Zen-
Buddhismus seinen Ursprung in China hat, im
Ch'an-Buddhismus (ch'an bedeutet ungefähr
»Meditation«). Ch'an- oder Zen-Buddhismus
haben die Tao-Lehre in die Lehre des Buddha
integriert. Der »Geist des Zen« lebt aus dem
Tao. Und so vieles, was heutige Menschen am

蒼峰靜立雲更白
青林霜葉偏紅
江南八月九月人在
詩中畫中

Zen fasziniert, ist taoistischen Ursprungs, insbesondere seine Verbundenheit mit der Natur, aber eben auch die hohe Wertschätzung der Stille, das Misstrauen gegenüber dem Wort[24].

1

WER WEISS, SPRICHT NICHT.
Wer spricht, weiß nicht.

Tao Te King 56

DIE LEHRE VOM TAO

Es wurde bereits darauf hingewiesen, dass Tao in den westlichen Sprachen meistens mit »Weg« übersetzt wird. Und Tao bedeutet im Chinesischen oder auch Japanischen (do) »Straße« (das entsprechende Zeichen findet sich somit auch auf Straßenkarten oder -atlanten). Tao ist aber mehr, hat eine abstrakte Bedeutung im Sinn von »Lehre« oder »Kunst« (etwa des Fechtens, Kochens, Gartenbaus usw.).

Eher noch als bei Übersetzungen aus anderen Sprachen fließt das Verständnis, ja die Interpretation des Übersetzers in Übersetzungen aus der chinesischen Sprache ein, besonders natürlich dann, wenn es sich um abstrakte Begriffe handelt. Abhängig vom jeweiligen weltanschaulichen Standpunkt wurde und wird auch der Begriff Tao in westliche Sprachen unterschiedlich übersetzt. Deshalb entscheiden sich aber auch immer mehr Übersetzer, Tao, diesen komplexen Begriff, lieber unübersetzt zu lassen.

Aber Wort und Sprache sind – wie bereits angedeutet wurde – sicher nicht die ersten Mittel, um sich dem Tao zu nähern oder es gar umschreiben zu können. Tao kann letztlich nur in der Stille (t'ien) oder durch intuitive Erkenntnis (chin) erreicht, vielleicht besser: erahnt oder erspürt werden. Aber auch der Weg der Sprache ist, wie uns die alten taoistischen Weisen sehen lassen, möglich und zudem – wie jetzt hier in unserer Situation – nötig. Es soll im Folgenden versucht werden, sich dem Tao auf verschiedenen Wegen zu nähern.

Tao hat nun in der Tat vornehmlich eine apersonale Gestalt, doch gibt es bei den taoistischen Klassikern gelegentlich auch Hinweise auf Tao, das persönliche Züge besitzt. So hat es etwa Empfindungen: »Tao ist gütig und treu« (Dschuang Dse VI, 1). Auch findet sich bei Dschuang Dse eine Art Anrufung des Tao durch den weisen Hsu Yu (s. Nr. 2).

Die Texte Nr. 2-4 lassen erkennen, dass trotz aller persönlichen Züge, die dem Tao eigen sind, es nicht mit den Gottesvorstellungen der monotheistischen Religionen verglichen werden kann. Die Erklärungsversuche der Taoisten sind frei von jeglichem Anthropomorphismus. Man kann deshalb auch begründet die Auffassung einiger älterer Taoismus-Forscher oder -Interpreten zurückweisen, dass Tao mit dem persönlichen Gott des Christentums oder ihm benachbarter Religionen zu vergleichen sei (Dvorák, de Harlez, von Strauß u.a.). Denn anders als die Propheten Israels und die meisten christlichen Theologen, anders aber auch als die Philosophen Griechenlands, die das Göttliche als ein ewiges Sein erkannten[25], war Tao für die Taoisten nicht welttranszendent. Alles hängt letztlich mit dem Tao zusammen, geht aus ihm hervor, fließt dorthin zurück, alles nimmt nicht allein teil am Göttlichen, sondern trägt auch dessen Charakter (s. Nr. 5-17).

2

O MEIN MEISTER! O mein Meister! Du vernichtest alle Wesen der Welt und dennoch übst Du keine Gerechtigkeit. Deine Wohltaten kommen Tausenden von Generationen zugute und dennoch übst Du kein Wohlgefallen. Du bist älter als die älteste Vorzeit und dennoch bist Du nicht alt. Du beschirmst den Himmel und trägst die Erde, Du gestaltest und bildest alle Formen und dennoch bringst Du kein Werk der Geschicklichkeit zustande. So ist der Weg meines Meisters.

Dschuang Dse Vi, 6[26]

3

ES HAT KEIN WISSEN und kein Können und ist doch allwissend und allmächtig.

Liä Dse I,3

4

TAO HANDELT NICHT und hat keine Gestalt. Man kann es überliefern, ohne dass es ein anderer erhalten könnte. Man kann es verstehen, ohne es sehen zu können. Es ist seine eigene Wurzel und hat immer existiert, selbst vor der Erschaffung von Himmel und Erde. Über dem höchsten Gipfel des Universums existierend, ist es doch nicht hoch. Diesseits der sechs Enden des Universums liegend, ist es dennoch nicht tief. Geboren vor dem Himmel und der Erde, besitzt es doch keine Dauer. Älter als das älteste Altertum, wird es dennoch nicht alt.

Dschuang Dse VI,1

5

WER IM TAO AUSGEGLICHEN,
scheint rau zu sein.

Tao Te King 41

6

WER KENNT DEN BEWEIS, der ohne
Worte auskommt – das Tao, welches sich nicht
als Tao bezeichnet?
Einer, der ihn kennt, von dem mag man sagen,
er sei Gottes. Eingießen können und nicht
füllen, ausgießen können und nicht leer machen, die Kraft nicht kennen, durch die solches
erreicht wird – das heißt Licht.

Dschuang Dse II, 7

7

DER MEISTER SPRICHT:
Groß ist das Tao! Es überwölbt und erhält die
gesamte Schöpfung.
Der Edle muss seinen Geist reinigen. Durch
Nichthandeln handeln, heißt Himmel. Ohne
Ausdruck ausdrücken, heißt Charakter. Seine
Mitmenschen lieben und allen Gutes tun, heißt
Menschlichkeit. Die verschiedenen Dinge als
gemeinsam betrachten, heißt groß. Sich nicht

畫大瀑布法

durch hervorstechendes Benehmen hervortun, heißt Weitherzigkeit. Vielfalt besitzen, heißt Reichtum. Darum: seinen Charakter bewahren, heißt Selbstzucht. Seinen Charakter entwickeln, heißt Macht besitzen. Dem Tao folgen, heißt vollständig sein.

Wenn ein Edler diese zehn Leitsätze versteht, erlangt er Seelengröße, und alle Dinge vereinigen sich in ihm wie zu einem fließenden Strom. Dann lässt er das Gold in den Bergen und die Perlen im Meer. Er legt keinen Wert auf materielle Güter und hält sich abseits von Ehren und Reichtum. Er freut sich nicht über ein langes Leben, noch bedauert er, jung zu sterben. Er betrachtet hohe Stellungen nicht als Ehre, noch schämt er sich der Armut und des Misserfolges. Er setzt seinen Sinn nicht auf den Reichtum der Welt, um ihn für sich zu verwenden. Er betrachtet die Herrschaft über die Welt nicht als einen persönlichen Ruhm, und wenn er eine hervorragende Stellung bekleidet, sieht er die Welt als eine einzige Familie an. Für ihn sind Leben und Tod nur verschiedene Aspekte der gleichen Sache.

Dschuang Dse XII, 2

8

EIGENTUM

Schun (der große Herrscher) fragte den Dscheng und sprach: »Kann man das Tao des Weltgeschehens sich zu Eigen machen?« Der sprach: »Nicht einmal dein Leib ist dein Eigentum, wie willst du da Tao zum Eigentum dir machen?« Schun sprach: »Wenn mein Leib nicht mein Eigentum ist, wessen Eigentum ist er denn dann?« Jener sprach: »Er ist die Form, die Himmel und Erde dir zugeteilt. Dein Leben ist nicht dein Eigen, es ist das Gleichgewicht der Kräfte, das Himmel und Erde dir zugeteilt. Deine Natur und dein Schicksal sind nicht dein Eigen, sie sind der Lauf, den Himmel und Erde dir zugeteilt. Deine Söhne und Enkel sind nicht dein Eigen, sie sind die Überbleibsel, die Himmel und Erde dir zugeteilt. Darum: wir gehen und wissen nicht wohin, wir bleiben, und wissen nicht wo, wir essen und wissen nicht warum: das alles ist die starke Lebenskraft von Himmel und Erde: wer kann die sich zu Eigen machen?«

Liä Dse I, 12 (Dschuang Dse XXII, 3)

9

DINGE HABEN EINEN URSPRUNG
und ein Ende.
Wissen, was zuerst und was zuletzt ist,
bedeutet, dicht bei Tao zu sein.

Halle der Erhabenen Harmonie, Beijing

10

TAO IST VON WISSEN und Nichtwissen
unabhängig. Wissen ist nur Selbsttäuschung,
Nichtwissen ist nur Mangel an Kenntnisnah-
me. Wo man Tao, an dem nichts zu bezweifeln
ist, wirklich erreicht hat, da ist man leer und
ledig, wie in der offenen Weite des ungeheu-
ren leeren Raums, und fragt nicht mehr nach
Ja und Nein.

Nan-tjüan (748-834)

11

DER HÖCHSTE WEG ist gar nicht schwer,
nur abhold wählerischer Wahl.
Dort wo man weder hasst noch liebt,
ist Klarheit, offen, wolkenlos.

Seng-tsán (3. Zen-»Patriarch«, † 606)

12

MAN KANN NICHT SAGEN, dass Tao existiert. Und man kann auch nicht sagen, dass der WEG nicht besteht. Denn man findet ihn in der Stille – wenn man sich nicht mehr geschäftig mit wichtigen Dingen befasst.

Anonymus

13

DIE WIRKLICHKEIT IST LEER,
und die Leere ist wirklich.

Taoistisches Sprichwort

14

DANN WIRST DU DAHIN KOMMEN, dass du die Dinge klar und deutlich begreifst und erkennst: Die Leere, das ist der Weg, und der Weg, das ist die Leere.

Shinmen Musashi (1584-1645)

15

IST NICHT ALLES, was man jeden Tag vom Morgen bis zum Abend tut, so wie es ist, Tao?

Anonymus

16

TAG UM TAG ist guter Tag.

Yün-mën (864-949)

17

WAS IST DAS TAO? Was ist unsere wahre Natur? Eine Tasse Tee trinken!

Ein chinesischer Mönch

TAO – DAS WEIBLICHE

Lau Dse spricht bereits im ersten Kapitel des Tao Te King, in dem er Tao zu umkreisen versucht, von der »Urmutter der zahllosen Dinge«, die Tao verkörpert. Sofern Tao erscheint oder eher: sofern Tao in und durch die Dinge durchscheint, erscheint es als Mutter, als Frau (s. Nr. 18).

Weitere Beispiele für die weibliche Potenz des Tao finden sich im Tao Te King (s. Nr. 19). Das Bild des Tales für das Weibliche kehrt im Tao Te King häufig wieder[27]. Der hohe Wert des Weiblichen wird betont (s. Nr. 23).

Der Gegensatz zum Gott der theistischen Religionen kann größer und weiter nicht gedacht werden! Das Zitat Nr. 24 aus dem Tao Te King lässt auch erkennen, dass von Lau Dse eine Bipolarität gezeichnet wird, die dem Monotheismus konträr gegenübersteht. Mit Bipolarität soll nicht nur das Gegensatzpaar Männlich-Weiblich gemeint sein. Der Gott der monotheistischen Religionen ist ein »positiver« Gott, seine »Eigenschaften« sind ausschließlich positiv. Das Böse, das Negative bleibt deshalb hier ein noch größeres Geheimnis als Gott selbst! Im Tao Te King hingegen ist Tao auch »Schutz dem Bösen« (s. Nr. 20).

Lau Dse hat das Weibliche als Synonym für Ruhe oder Stille gesehen; manche Interpreten sprechen auch von der »passiven Verhaltensweise« oder von »femininen« Zügen des Tao[28]. Das Weibliche ist also letztlich ein symbolischer Begriff für die Stille des Tao (s. Nr. 21). Die Stille oder »Passivität« des Tao zeigt sich auch in anderen Bildern oder Symbolen des Tao Te King, etwa im Wasser (8), in der Klobigkeit unbehauener Holzscheite (15) oder in der Schwachheit des kleinen Kindes, die zugleich seine Stärke ist (55).

Das Weibliche steht nicht nur stellvertretend für Stille oder für das Dunkle und Geheimnisvolle, sondern auch für das Absichtslose der Natur, des Lebensprinzips, des »Göttlichen« (Nr. 22-26)[29].

46

18

EIN ETWAS gibt es, aus dem Chaos geworden,
früher als Himmel und Erde entstanden,
ein Einsam-Stilles, Endlos-Weites,
in sich allein, unwandelbar,
kreisend, nie sich erschöpfend.
Des Alls Urmutter könnte man es nennen.
Ich kenne seinen Namen nicht.
Ich nenne es Tao.

Tao Te King 25

19

UNSTERBLICH IST der tiefe Geist des Tals,
der dunkle Mutterschoß sei er benannt.
Und dieses dunklen Mutterschoßes Pforte –
genannt wird sie die Wurzel des Alls.

Tao Te King 6

20

DAS TAO – Bewahrer aller Dinge –
ist Schatz dem Guten,
Schutz dem Bösen.

Tao Te King 62

21

EWIG BESIEGT DAS WEIBLICHE
durch Stille das Männliche,
durch Stille setzt es sich herab.

Tao Te King 61

22

KANN SICH ÖFFNEN und schließen das
Himmelstor ohne das Weibliche?

Tao Te King 10

23

DAS MÄNNLICHE WISSEN,
das Weibliche wahren.
So wird man zum Strom der Welt.

Tao Te King 28

24

DAS LICHTE WISSEN,
das Dunkle wahren ...
Das Ruhmvolle wissen,
das Ruhmlose wahren.

Tao Te King 28

25

ES WAR EIN ANFANG DES ALLS,
benannt Urmutter des Alls.
Wer die Urmutter erschaut hat,
erkennt durch sie ihre Kinder.
Wer ihre Kinder erkannt hat,
kehre zurück zur Urmutter.
Sich eng an sie haltend,
ist er gefeit bis an sein Ende.

Tao Te King 52

26

NUR DER KARGE
ist wahrer Sohn der Mutter –
Mutter wahrer Menschenordnung –
und so kann er lang bestehen.

Tao Te King 59

TAO – SEIN UND NICHT-SEIN

Jede Aussage über Tao, wie vorsichtig sie auch sein mag, findet bei den Taoisten durch eine andere, nicht selten durch eine gänzlich entgegengesetzte ihre Ergänzung (s. Nr. 27).

Die Taoisten charakterisieren Tao unter anderem durch die beiden folgenden Aussagen: Tao bewegt sich hin und her, kehrt immer wieder in sich, in den Ursprung zurück[30]. Und: Tao ist schwach und einfach wie das kleine Kind oder wie die unbearbeiteten Dinge der Natur[31]. Beide Aussagen finden sich in einem der kürzesten Kapitel des Tao Te King vereinigt, woran sich eine andere wichtige Feststellung anschließt (s. Nr. 28).

Das Nichtseiende oder der Zustand, der dem Sein »vorangeht«, hat die Taoisten häufig beschäftigt (s. Nr. 29).

Wên Dse hat sich mit der Frage nach dem

nichtseienden Tao eingehend auseinanderge-
setzt (s. Nr. 30)[32].

Die Suche nach dem nichtseienden Tao mag
man mit der Suche positivistischer Naturwis-
senschaftler des ausgehenden 19. Jahrhunderts
nach der menschlichen Seele vergleichen können. Tao besitzt kein sinnliches Sein, obgleich
es alles Sein in sich enthält. Weil dies so ist,
hat der sinnengebundene Mensch den *Eindruck*
des Nichtseienden. Kann man also die Frage
nach dem Verhältnis von Tao und Nichts auf
ein erkenntnistheoretisches Problem reduzie-
ren? Nach Forke ist Lau Dse's Nichtsein »nicht
ein absolutes, ein Nichts, sondern nur die Negation des phänomenalen Seins«[33]. Bei dieser
Interpretation sollte man jedoch nicht stehen
bleiben. Denn für Lau Dse sind Sein und
Nichtsein korrelierende Begriffe: »Voll und
leer gebären einander« (2).

Es ist nicht erst ein Zeichen unseres heutigen
begrenzten Verständnisvermögens, wenn wir
Lau Dse nur schwerlich begreifen können.
Auch im alten China stieß gerade dieser Teil
seiner Lehre auf Widerspruch. Lau Dse war
streng genommen kein Philosoph, der ein kla-
res Begriffssystem ersonnen oder übernommen
hat. Vielmehr spricht er dann, wenn es für das

Begreifen schwierig wird, in Parabeln oder
Bildern. Auch wenn er die Verbindung von
Tao und Nichts beschreibt, verwendet er Bil-
der (s. Nr. 31–39).

27

ALS GEGENTEIL ist oft das Wort erst wahr.

Tao Te King 78

28

DES DAU BEWEGUNG ist Rückkehr,
des Dau Verhalten ist Schwachsein.
Dem Seienden entsprangen alle Dinge der Welt.
Das Seiende – es entsprang dem Nichtseienden.

Tao Te King 40

29

GIBT ES EINEN ANFANG, so gibt es auch
eine Zeit, da dieser Anfang noch nicht war,
und weiterhin eine Zeit, die der Zeit, da dieser
Anfang noch nicht war, vorangeht. Gibt es
Sein, so geht ihm das Nicht-Sein voran, und
diesem Nicht-Sein geht eine Zeit voran, da
auch das Nicht-Sein noch nicht angefangen
hatte.

Dschuang Dse II, 6

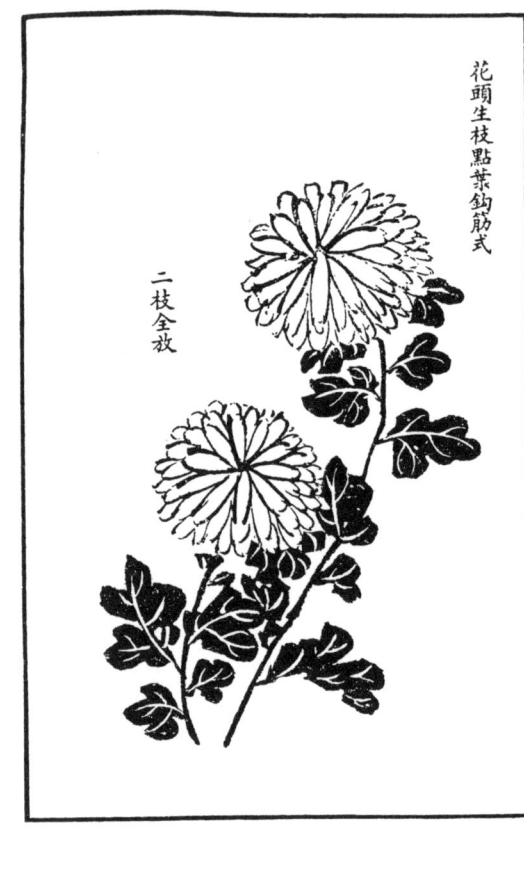

花頭生枝點葉鈎筋式

二枝全攺

30

TAO FORMT und bildet alle Dinge, ohne
selbst je körperlich zu sein. Still ist es und
regungslos, aber es durchdringt das Chaos und
das Dunkel ... Zerlegt man es in seine kleinsten
Teilchen, so dringt man doch nicht in sein
Inneres ein.

Wên Dse I, 3

31

DAS DAU ALS DING –
ein Schattenhaftes ist es, Nebelhaftes ...
Es ruht der Samen Kraft darin.
Ein Wahres ist der Samen Kraft.
Es ruht Verlässliches darin.

Tao Te King 21

32

SAGBAR DAS DAU,
doch nicht das ewige Dau,
nennbar der Name
doch nicht der ewige Name.
Namenlos
des Himmels, der Erde Beginn,
namhaft erst der zahllosen Dinge Urmutter.
Darum:
immer begehrlos

und schaubar wird der Dinge Geheimnis,
immer begehrlich
und schaubar wird der Dinge Umrandung.
Beide gemeinsam entsprungen dem Einen
sind sie nur anders im Namen,
gemeinsam gehören sie dem Tiefen
dort, wo am tiefsten das Tiefe
liegt aller Geheimnisse Pforte.

Tao Te King I

33

EIN ETWAS GIBT ES,
aus dem Chaos geworden,
früher als Himmel und Erde entstanden,
ein Einsam-Stilles, Endlos-Weites
in sich allein, unwandelbar
kreisend, nie sich erschöpfend,
des Alls Urmutter könnte man es nennen.
Ich kenne seinen Namen nicht,
ich nenne es Dau
und da ich es bezeichnen muss,
nenn ich es groß.
Groß – denn es entfließt,
entfließt – ist also fern,
fern – und kehrt doch zurück.
So ist das Dau groß,
groß der Himmel,

groß die Erde
und groß auch das Königliche.
Vier große Dinge gibt es in der Welt,
eines davon ist das Königliche,
es folgt der Mensch der Erde,
die Erde folgt dem Himmel,
der Himmel folgt dem Dau,
das Dau folgt sich selbst.

Tao Te King 25

34

STERNENLICHT FRAGTE das Nichtsein:
»Meister, seid Ihr, oder seid Ihr nicht?«
Sternenlicht bekam keine Antwort und blickte
angestrengt auf die Gestalt des Nichtseins. Aber
da war alles tiefe Leere. Den ganzen Tag schaute er nach ihm, ohne es zu sehen; er horchte
nach ihm, ohne es zu hören; er griff nach ihm,
ohne es zu fassen.
Da sprach Sternenglanz: »Das ist das Höchste.
Wer vermag, das zu erreichen? Ich vermag
ohne Sein zu sein, aber nicht ohne Nicht-Sein
zu sein. Wenn es nun darüber hinaus noch ein
Nicht-Sein gibt, wie kann man das erreichen?«

Dschuang Dse XXII, 7 (8)

35

DIE »FÜNF STUFEN«

(1)
Das Gekrümmte im Geraden:
Bei der dritten oder ersten Nachtzeit, bevor
der Mond leuchtet, –
Kein Wunder, dass Begegnende einander nicht
erkennen!
Verborgen sitzt noch ein Kummer vergange-
ner Tage.

(2)
Das Gerade im Gekrümmten:
Das Morgenrot schwindet. Eine Greisin schaut
in den alten Spiegel.
Deutlich sieht sie ihr Gesicht, es ist nicht an-
derswo.
Lass ab, den Kopf zu verwirren und den Schat-
ten zu erkennen!

(3)
Mitten aus dem Geraden kommend:
Mitten im Nichts ist ein Pfad, der aus dem
Staub herausführt.
Ohne die Majestät des Gegenwärtigen zu ver-
letzen,
Macht er dich den Beredten von einst über-
treffen, der jede Zunge schlug.

(4)
Mitten in das Gekrümmte
anlangend:
Wenn zwei Klingen die Spitzen kreuzen,
braucht es kein Ausweichen.
Ein guter Fechter ist wie Lotos im Feuer.
Es ist, als habe er in sich einen Geist, der an
den Himmel stößt.
(5)
Einheit erreicht:
Weder dem Sein noch dem Nicht-Sein ver-
fallen, wer vermag diesen Einklang?
Die Menschen wünschen alle nur, dem ge-
wöhnlichen Lauf zu entrinnen.
Schließlich kehrt er zurück und sitzt am Ende
in den Kohlen.

Tung-shan (807-869) und Ts'ao-shan (839-901)

36

WENDEPUNKTE
Ist das Auge am Erblinden, sieht es jedes feinste
Härchen. Ist das Ohr dem Taubsein nahe, hört
es kleinster Mücken Schwirren.
Eh' der Gaumen völlig stumpf wird, kennt er
Wasser nach der Quelle.
Will sich der Geruch verlieren, kennt er dürren
Holzes Moder.

Ist der Körper am Erlahmen, rastlos muss er
sich bewegen.
Eh' im Herzen Wahnsinn dunkelt, scheidet
klar es Recht und Unrecht.
Eh' das Äußerste erreicht ist, kehrt sich nichts
ins Gegenteil.

Liä Dse IV, 10

37

DER MANN DES TAO
Wer sich vom Tao
führen lässt,
der fügt anderen
keinen Schaden zu.
Aber er weiß nicht,
dass er »sanft« und »gut« ist.

Wer sich vom Tao
leiten lässt,
der geht nicht auf
in tausend Tätigkeiten,
aber er verachtet auch nicht jene,
die das tun.
Er kratzt kein Geld zusammen
und bildet sich nichts auf seine Armut ein.
Er geht seinen Weg
und verlässt sich nie auf andere;

auch rühmt er sich nicht,
dass er allein geht.
Er folgt nicht der Menge,
doch er tadelt keinen,
der viele Menschen um sich braucht.
Rang und Namen beeindrucken ihn nicht,
Unglück und Schande
werfen ihn nicht um.
Er fragt nicht ständig:
»Ist das recht?«
Und »ja« und »nein«
kommen ihm selten
über die Zunge.

Deshalb sagten die Alten:
»Wer im Tao ist,
bleibt namenlos.
Die vollkommene Tugend
bringt nichts hervor.
›Nicht-Ich‹ ist
das wahre Ich.
Und der größte Mensch
ist Niemand.«

Dschuang Dse XVII, 3

WO IST DAS TAO?

Meister Tung Kwo fragt Tschuang:
»Wo kann man das Tao finden?«
Dschuang-Dse entgegnete:
»Es gibt keinen Ort, an welchem man es nicht
finden könnte.«
Tung Kwo darauf:
»Dann nenne mir wenigstens *einen* bestimmten
Ort, an dem man das Tao finden kann.«
»Es ist in der Ameise«, sagte Tschuang.
»Ist es nicht auch in einem geringeren Lebe-
wesen?«
»Im Unkraut ist es auch.«
»In noch Geringerem?«
»In diesem Stück Ziegel.«
»Und weiter?«
»In diesem Kot.«
Hierauf sagte Tung Kwo nichts mehr,
aber Tschuang fuhr fort: »Deine Fragen
sind nicht gezielt. Sie sind wie die Fragen
von Händlern auf dem Markt,
die das Gewicht von Schweinen schätzen,
indem sie diese in die magersten Stellen knei-
fen.
Warum suchst du das Tao, indem du

die Stufenleiter der Dinge hinuntergehst,
so als ob das, was wir das Allergeringste nennen,
weniger vom Tao hätte?
Das Tao ist groß in allen Dingen,
vollständig, allumfassend
und ganz in allem, was es gibt.
Vollständig, allumfassend, ganz –
das sind drei verschiedene Aspekte
der einen, ungeteilten Wirklichkeit.
Deshalb komm mit mir zum Schloss Nirgendwo,
wo alle Dinge dieser Welt in eins zusammenfließen:
Dort könnten wir von dem sprechen,
was keine Grenzen und kein Ende hat.
Komm mit mir in das Land des Nicht-Tuns.
Was sollten wir dort sagen? Dass Tao
Einfachheit, Ruhe,
Gelassenheit, Reinheit
Harmonie und Sorglosigkeit bedeutet?
Alle diese Wörter sagen mir nichts,
denn ich erkenne zwischen ihnen keine Grenzen.
Mein Wille ist ohne Ziel und ohne Grenzen.
Wenn Tao nirgendwo ist, wie könnte ich es
dann gewahren?

Wenn es geht und wiederkommt, weiß ich nicht,

wo es gewesen ist. Wenn es hierher, dann dorthin

wandert, weiß ich nicht, wo es zur Ruhe kommen wird.

In der großen Leere legt sich der Geist nicht fest.

In ihr ist die höchste Weisheit ohne Schranken.

Was den Dingen ihr Sosein gibt, kann nicht mit Dingen umschrieben werden. Wenn wir von »Grenzen« sprechen, bleiben wir

am Kreis begrenzter Dinge.

Die Grenze des Unbegrenzten heißt »Fülle«.

Die Grenzenlosigkeit des Begrenzten heißt »Leere«.

Das Tao ist die Quelle von beiden, aber selber ist es

weder Fülle noch Leere.

Tao bringt Wachstum und Verfall hervor,

aber es ist weder Wachstum noch Verfall.

Es ist die Quelle von Sein und Nicht-Sein,

aber es ist weder Sein noch Nicht-Sein.

Tao sammelt und zerstreut,

aber es ist weder die Gesamtheit noch die Leere.«

Dschuang Dse XXII, 5

DAS TAO
Hähne krähen.
Hunde bellen.
Das weiß jedermann.
Aber der Weiseste
der Menschen
kann nicht sagen,
woher diese Stimmen kommen.
Und er kann auch nicht erklären,
warum Hunde bellen und warum
Hähne krähen,
wenn sie ihre Stimme
hören lassen.
Jenseits des Allerkleinsten
gibt es kein Maß mehr,
noch gibt es ein Maß
jenseits des Allergrößten.

Wo es kein Maß gibt, da gibt es kein »Ding«.
In dieser Leere
sprechen wir von »Grund«
und »Zufall«.
Wir reden von »Dingen«,
wo es keine Dinge gibt.
Etwas beim Namen nennen
heißt: ein »Ding« umgrenzen.

Blicke ich über den Anfang hinaus,
erkenne ich kein Maß.
Blicke ich über das Ende hinaus,
erkenne ich auch kein Maß.
Wo es kein Maß gibt,
da gibt es auch keinen Anfang
von etwas.
Warum reden wir also von
»Zufall« oder »Grund«?
Warum vom »Anfang« einer »Sache«?

Existiert das Tao?
Dann wäre es ein »Ding, das existiert«,
das ›nicht nicht-existieren kann‹?

»Tao« sagen, ist:
ein »Nicht-Ding« nennen.
Tao ist nicht der Name
von etwas, »was existiert«.
»Grund« und »Zufall«
treffen auf das Tao nicht zu.
Tao ist ein Name,
der »etwas« bezeichnet,
ohne dieses »etwas« festzulegen.

Tao ist jenseits
aller Wörter

und jenseits aller Dinge.
Man kann es nicht im Schweigen fassen
und auch nicht im Wort.
Wo es kein Schweigen mehr gibt
und auch kein Wort,
da kann das Tao
wahrgenommen
werden.

Dschuang Dse XXV, 10

TAO UND KOSMOS

In allen Religionen westasiatischen Ursprungs ist die Frage nach dem letzten Grund allen Seins, nach »Gott«, eng mit jener nach dem Anfang der Welt und dem Ursprung der Schöpfung verknüpft. Es fällt nun auf, dass »das Problem einer eventuellen ›Schöpfung‹ im chinesischen Denken kaum eine Rolle«[34] spielt. Aber gerade bei den taoistischen Klassikern, insbesondere bei Liä Dse und Dschuang Dse, finden sich sehr interessante kosmogonische Theorien und Beschreibungen, Theorien, die sich ohne jeden Zweifel auf sehr alte mündliche Traditionen stützen und deshalb besondere Aufmerksamkeit verdienen. Die taoistischen Auffassungen über den Zusammenhang zwischen Tao und der »ersten Ursache« (cause première) und die Lehren insbesondere der monotheistischen Religionen vom

Schöpfergott miteinander zu vergleichen, ist also sicher reizvoll. Aber auch in China gab es offensichtlich die Frage nach einem (personalen) Schöpfer der Welt, mag dieses Fragen auch nicht in der westlichen Theologie und Philosophie (zumindest bis zur Aufklärung) zu einem beherrschenden Topos geworden sein. Ein sehr überzeugendes Beispiel für derartiges Fragen und Reflektieren stellt der Text Nr. 40 dar, den man bei Dschuang Dse findet.

Die Frage des »Einen, der wenig wusste«, findet also keine Antwort, oder sagen wir besser: sicherlich keine Antwort, die heutige Menschen zufrieden stellen könnte. Im Tao Te King wird die Frage nach dem Ursprung der Schöpfung so nicht gestellt, und es finden sich dementsprechend auch keine »zufrieden stellenden« Antworten bei Lau Dse. »Namenlos – des Himmels, der Erde Beginn«, so drückt es Lau Dse aus (TTK1). Die Frage nach dem Ursprung der Welt wird durch ihn nicht gestellt. Karl Jaspers meint dazu: »Was an Andeutungen über einen Weltprozess bei ihm vorkommt, ist vielleicht als ein immerwährendes Geschehen aufzufassen«[35].

Dennoch, es gibt bei Lau Dse Hinweise auf einen Werdungsprozess der Dinge. Ob man dies aber »Evolution« nennen darf? Hierzu findet sich bei Lau Dse ein interessanter Text (s. Nr. 41).

Die Dinge und die Wesen kommen aus dem »Ursprung« und kehren zu ihm, in ihn zurück. Von diesem Hin- und Herwechseln oder besser: dieser Kreisbewegung spricht Lau Dse öfters (s. Nr. 42–46).

40

EINER, DER WENIG WUSSTE, legte das folgende Problem dar: »Am Ursprung der Welt gab es nichts, das handelte. Das ist die These von Ki Tchen. Irgendeine Sache steuerte die Schöpfung. Das ist die Auffassung oder Lehre von Tsie-tseu. Welche dieser Behauptungen stimmt nun mit der Wirklichkeit überein?«

Große und unparteiische Harmonie antwortete diesem: ›Der Hahn kräht und der Hund bellt.‹ Das weiß jedermann. Aber selbst die größte Intelligenz weiß nicht zu erkennen, warum sich die Dinge so entwickelt haben, und niemand kann die Zukunft voraussehen … Die Auffassung, wonach irgendeine Sache die Schöpfung steuert, ist realistisch. Die These, dass nichts im Universum handelt, ist eine Behauptung des Leeren. Was zum Bereich der Namen und der Realitäten gehört, bleibt im Bereich des Seienden. Was keinen Namen und keine Wirklichkeit besitzt, bleibt in der Leere des Seienden. Alles, was sich in Worten ausdrücken und in Ideen ausformen kann, entfernt sich aber von der ersten Wahrheit ...

Die Annahme eines Schöpfers der Welt und die Annahme des Gegenteils betrachten nur die kleine Ecke des Seienden, das große Prinzip, der große Anfang aber entgeht ihnen ... Dies ist die höchste Erscheinung des Tao und der Wesen. Weder Worte noch Schweigen können sie fassen. Sie überschreitet das Wort ebenso wie das Schweigen. Sie befindet sich über aller Rede des Menschen.

Dschuang Dse XXV, 10

41

DAS DAU GEBAR DAS EINE,
das Eine gebar die Zweizahl,
die Zweizahl gebar die Dreizahl,
aus der Dreizahl wurde die Vielzahl,
der Dinge Vielzahl.

Tao Te King 42

42

»VON ALLEN DINGEN in ihrer Vielfalt
findet ein jedes zurück zur Wurzel.
Wurzelwiederfinden heißt Stille –
was man nennen mag: Rückkehr zum Wesen«.

Tao Te King 16

43

WENN DER VOGEL VERSTUMMT,
gleicht die eintretende Stille der ursprünglichen Einheit von Himmel und Erde.

Dschuang Dse

44

VOM DING AN SICH
Meister Liä Dse wohnte in einem Garten zu
Dscheng vierzig Jahre lang, und niemand
kannte ihn. Vor den Augen des Landesfürsten
und der hohen Würdenträger war er wie einer
aus der Menge des Volkes. Es entstand aber
Mangel im Lande, und er machte sich auf, aus
seiner Heimat nach We zu ziehen. Da sprachen
seine Schüler: »Meister, du gehst, und deine
Rückkehr ist unbestimmt, darum wagen wir
Schüler um etwas zu bitten, worüber uns du,
Meister, belehren mögest: Hast du, Meister,

74

nicht die Reden des Hu Kiu Dse Lin gehört?«
Meister Liä Dse lächelte und sprach: »Ja, was
hat denn Meister Hu gesagt? Immerhin; der
Meister unterhielt sich oft mit Be Hun Wu
Jen, und was ich gehört, wenn ich daneben
stand, will ich versuchen, euch zu sagen. Seine
Reden lauteten also: Es ist ein Zeugendes, das
nicht erzeugt ist; es ist ein Wandelndes, das
sich nicht wandelt. Das Unerzeugte hat Freiheit, Zeugendes zu zeugen, das Unwandelbare
hat Freiheit, Wandelndes zu wandeln. Das Er-
zeugte muss aber notwendig weiter zeugen,
das Wandelbare muss notwendig sich weiter
wandeln. Darum ist es immer im Zeugen und
Wandeln begriffen. Das immer im Zeugen und
Wandeln Begriffene hört niemals auf, zu zeugen und sich zu wandeln; so verhält es sich mit
Licht und Finsternis, so verhält es sich mit den
vier Jahreszeiten.

Das Unerzeugte ist vermutlich einzig. Das Unwandelbare wallt im unendlichen Raum hin
und her, ohne dass es in seinem Pfade an eine
Grenze käme. Im Buch des Herrn der gelben
Erde steht:

Der Geist der Tiefe stirbt nicht.

Er ist das Ewig Weibliche.

Beim Ausgang des Ewig Weiblichen

Liegt die Wurzel von Himmel und Erde.
Endlos drängt sich's und ist doch wie beharrend.
Der es wirkt, bleibt ohne Mühe.
Darum ist das, was alle Wesen erzeugt, unerzeugt; was alle Wesen wandelt, unwandelbar.
Von ihm geht in Freiheit alles Zeugen aus, von ihm alle Wandlung, von ihm alle Form, von ihm alle Farbe, von ihm alle Erkenntnis, von ihm alle Stärke, von ihm alle Abnahme, von ihm alle Ruhe. Wollte man es aber als Zeugen, Wandlung, Form, Farbe, Erkenntnis, Stärke, Abnahme, Ruhe bezeichnen, so wäre das falsch.«

Liä Dse I, 1

45

WELTENTSTEHUNG

Meister Liä Dse sprach: »Die alten Weisen nahmen das Lichte und das Finstere als Grundursache der Welt. Aber alles Körperliche entsteht aus Unkörperlichem; so muss doch auch die Welt einen solchen Ursprung haben. Darum sage ich: Es gibt eine Urwandlung, einen Uranfang, ein Urentstehen, eine Urschöpfung. Die Urwandlung ist der Zustand, da die Kraft noch nicht sich äußert. Der Uranfang ist der Zustand, da die Kraft entsteht. Die Urentstehung ist der Zustand, da die Form entsteht. Die Urschöpfung ist der Zustand, da der Stoff entsteht. Den Zustand, da Kraft, Form und Stoff noch ungetrennt durcheinander sind, nennt man Dasein. Dasein bedeutet den Zustand, da die Dinge miteinander und durcheinander sind und noch kein gesondertes Fürsichsein haben.

»Schaut man darauf, so sieht man nichts, horcht man danach, so hört man nichts, verfolgt man es, so erhält man nichts; darum heißt es das Wandelbare.« Als das Wandelbare hat es keine Schranke der Form.

Dieses Wandelbare wechselt und wird zur Eins. Die Eins wechselt und wird zur Sieben. Die Sieben wechselt und wird zur Neun. Die Neun ist der Endpunkt dieses Wechsels. Aber sie wechselt noch einmal und wird wieder zur Eins. Diese Eins ist die Entstehung der wechselnden Formenwelt. Das Reine und Leichte steigt empor und wird zum Himmel. Das Trübe und Schwere senkt sich herab und wird zur Erde. Das, wovon die einigende Kraft ausstrahlt, wird zum Menschen. Darum enthalten Himmel und Erde den Samen, aus dem alle Dinge durch Wandlung erzeugt werden.

Liä Dse I, 2

46

DAS ATMEN DER NATUR

Wenn die große Natur seufzt, hören wir den
Wind,
der, selber ohne Stimme,
ringsum Stimmen weckt
mit seinem Blast.
Aus jeder Spalte
kommen Stimmen. Hast du diesen
Sturm von Tönen nie gehört?

Dort oben neigt sich der Wald
über den Steilhang.
Alte Bäume mit Löchern und Rissen
wie Tülle, Rachen, Ohren,
wie Kerben in Balken, wie Pokale.
Rinnen im Wald, Mulden voll Wasser.
Du hörst ein Muhen, Dröhnen, Pfeifen,
Kommandorufe, Grollen,
ein tiefes Brummen, traurige Flötenklänge.
Ein Ruf weckt den anderen zum Gespräch.

Sanfte Winde singen furchtsame Lieder,
starke Böen posaunen ihre Kraft hinaus.
Dann legt sich der Wind.
Der letzte Laut kommt aus
den Mündern.

Hast du nie bemerkt, wie dann alles zittert
und verebbt?

Yu antwortete: Ich verstehe.
Die Musik der Erde kommt aus tausend Löchern,
die Musik der Menschen kommt aus Instru-
menten.
Woher kommt die Musik des Himmels?

Meister Ki sagte:
Etwas bläst auf tausend verschiedenen Lö-
chern.
Eine Macht steht hinter alldem
und lässt die Töne verklingen.
Was ist diese Macht?

Dschuang Dse II, 1

TAO UND GOTT

Nach allem, was bisher hier über Tao gesagt wurde, stellt sich einem westlichen Leser vielleicht die Frage nach dem Verhältnis von Tao und Gott. Zwar wurde bereits darauf hingewiesen, dass Tao nicht mit den Gottesvorstellungen der monotheistischen Religionen (Judentum, Christentum, Islam) verglichen werden kann. Gelegentlich wird nun behauptet, die alten Chinesen hätten in dem Begriff »Ti« (Di) ein »Äquivalent« zu Gott gekannt. Und manchmal wird auch eine Analogie zwischen Tao und Ti einerseits sowie *deitas* (Gottheit) und *deus* (Gott) andererseits hergestellt. Sind derartige Vergleiche zulässig? Und natürlich ist auch zu bedenken, ob Vergleiche geeignet sind, die Frage nach der Vergleichbarkeit des Tao mit »westlichen« Vorstellungen zu beantworten.

Einen geeigneten Zugang zur Beantwortung dieser Frage kann man im vierten Kapitel des Tao Te King finden (s. Nr. 47).

Ti wurde und wird in den westlichen Tao Te King-Ausgaben bis heute häufig mit »Gott« übersetzt, so etwa in der Hälfte der deutschen Ausgaben, vorwiegend in den älteren und übrigens auch durch Richard Wilhelm. Von Strauß gibt Ti gar mit »HERR« wieder! Ähnlich steht es bei Ausgaben in anderen westlichen Sprachen, besonders stark aber immer noch in den englischen bzw. amerikanischen Übersetzungen des Tao Te King.

Wenn nun »Ti« im Tao Te King im Zusammenhang mit Tao genannt wird, muss man es aber natürlich in jener Bedeutung verstehen, die es zur Zeit des vermutlichen Entstehens dieses Textes besaß. In jener Zeit war es ein Äquivalent für »Himmel«, und als »Schang-Ti« wurde der Himmel personifiziert (»Herr des Himmels«). Dies mag in etwa dem Gottesverständnis des so genannten Volksglaubens im alten Israel und wohl auch jenem vieler Christen aller Zeiten nahe kommen. Jedoch entspricht Schang-Ti in keiner Weise dem Gott der Offenbarung in Glaube und Verständnis der drei westasiatischen Großreligionen.

Vermutlich kannten die Chinesen vor dem Eindringen des Christentums (in der Form des Nestorianismus) und des Islams überhaupt »keinen ganz reinen Theismus«[36]. Denn Ti wurde in Schang-Ti zwar mit menschlichen Eigenschaften ausgestattet, war jedoch kein persönliches Wesen. Wilhelm hat die Ansicht vertreten, diese religiöse Anschauung des altchinesischen Theismus habe bereits vor Lau Dse »Schiffbruch gelitten unter der Wucht der Ereignisse, die nur schrecklich waren und nirgends einen Gott vom Himmel zeigten, der zugunsten seiner armen, gequälten und doch unschuldigen Menschen eingegriffen hätte«. Die Taoisten haben dann diesen Ti seiner anthropomorphen Züge entkleidet; darauf hat Wilhelm allerdings auch hingewiesen[37]. Lau Dse äußert sich dazu im fünften Kapitel des Tao Te King.

Die Opferhunde aus Stroh, zunächst sorgsam in Seide gekleidet und gebührend verehrt, wurden achtlos verfeuert, wenn die Zeremonie beendet war (s. Nr. 48).

Lau Dse, sowie andere Taoisten mit und nach ihm, sehen Tao als Einheitsprinzip. Sein und Nichtsein, Himmel und Erde, Gott und Götter leben in ihm, gehen aus ihm hervor und kehren dorthin zurück. Ähnlich wie in anderen Schöpfungsberichten entsteht die Welt aus dem Chaos, das durch die Einwirkung von Tao in die Erscheinungswelt umgeformt wird. Dieser Prozess ist jedoch nicht, wie es zumindest im jüdisch-christlichen Schöpfungsbericht vorherrschend erscheint, abgeschlossen, sondern dauert an. Mit Tao ist Kraft, Energie verbunden, die sich offensichtlich nicht nur oder nicht immer gesetzmäßig – also »unverrückbaren« Naturgesetzen folgend – entfaltet, sondern spontan, explosiv und zudem nicht selten unbewusst. Tao selbst ist unwandelbar, doch bringt es zugleich alle Veränderungen hervor. Tao ist ein Einheitsprinzip. Darin verschwindet insbesondere die Dimension der Zeit. So gibt es im Tao Te King keine Aussage, in der eine Verbindung zwischen dem Tao und dieser Dimension hergestellt wird. Bei Dschuang Dse wird – ganz offensichtlich im Hinblick auf Tao – einmal von der »ruhenden Zeit« (XVII,2) gesprochen. Gleichfalls bei Dschuang Dse findet sich eine dementsprechende Aussage, die übrigens dem Konfuzius in den Mund gelegt wird (s. Nr. 49; vgl. Nr. 50 und 51).

47

EIN UNERSCHÖPFLICHES GEFÄSS
ist das Dau,
urgründig, dem Urahn aller Dinge vergleichbar,
urtief und doch allgegenwärtig.
Ich weiß nicht, wes Kind es ist,
doch eh noch Di war, der Ahn des Himmels,
war es (also Tao).

Tao Te King 4

48

HIMMEL UND ERDE kennen nicht Güte.
Wie die Opferhunde aus Stroh sind für sie alle
Dinge.

Tao Te King 5

49

DA (IM TAO) IST WEDER Vergangenheit
noch Gegenwart, weder Beginn noch Ende.
Was dauert ohne Anfang und Ende, ist die
Zeit.

Dschuang Dse XXII,9[38] und XXIII,3

50

WER IN SEINEM KÖRPERLICHEN ge-
staltet das Unkörperliche, der hat einen festen
Halt. Er geht hervor aus dem Unbedingten
und dringt ein ins Unteilbare ... Was erfüllt ist
ohne Unterbrechung, ist der Raum, was dauert ohne Anfang und Ende, ist die Zeit; was
existiert im Leben, was existiert im Tod, was
existiert im Ausgehen, was existiert im Einge-
hen, was aus- und eingeht, ohne dass man seine
Gestalt sehen könnte: das ist die Ewigkeit. Die
Ewigkeit ist ohne So-Sein. Alle Einzeldinge
gehen hervor aus dem Nicht-So-Sein. Das So-
Sein vermag, nicht aus sich selbst So-Sein zu
bewirken, es geht notwendig hervor aus dem
Nicht-So-Sein. Das Nicht-So-Sein ist eins mit
sich selbst. Der Berufene birgt sich darin.

Dschuang Dse XXIII,3

51

DER HIMMEL IST DAS ABSOLUTE. Ihm
folgt das Licht. Er ist die Achse, um die sich
das Urgeheimnis dreht. Er ist das andere, das
im Anfang ist. Darum ist seine Entfaltung
gleichsam Nicht-Entfaltung, seine Erkenntnis
gleichsam Nicht-Erkenntnis. Durch Verzicht

子猷遙造竹所狗經月勝不必己賢大逸相呼聚方為此君乎

乙卯十月戲湘館中寫小冊八頁二千五百二張大千

auf Erkenntnis erst kann man ihn erkennen. Forscht man nach ihm, so darf man ihn nicht in der Endlichkeit suchen, aber man darf ihn auch nicht in der Unendlichkeit suchen. Im Undurchdringlichen ist doch eine Wirklichkeit. Sie wird nicht beeinflusst durch die Zeit und lässt sich nicht erschöpfen. Man darf ihn wohl als den bezeichnen, der alles trägt und leitet. Warum sollten wir uns nicht damit zufrieden geben, nach ihm zu fragen? Warum wollen wir uns mit Zweifeln plagen? Durch das Unbezweifelbare die Zweifel zu lösen und so zurückzukehren in den Zustand des Nicht-Zweifelns, so erreichen wir die große Freiheit in allem Zweifel.

Dschuang Dse XXIV,14

DAS WU-WEI

Ein zentraler Begriff taoistischer Weltsicht, vielleicht sogar ihr zentraler, wird in den chinesischen Wörtern Wu-Wei ausgedrückt. Wei bedeutet »tun«, wu ist die Negation. Wu-Wei kann man also mit »Nicht-Tun« übersetzen oder auch mit »Tun gibt es nicht«. Nun beinhaltet »wei« auch noch einen anderen Bedeutungsinhalt, nämlich den des Berechnenden und Absichtsvollen. So kann man schließen: Wu-wei bedeutet: Nicht berechnend handeln.

Bevor darauf weiter eingegangen wird, sei noch auf Folgendes hingewiesen: Im Unterschied zu anderen Heilslehren, die durch »Meister« verkündet werden, sind die taoistischen Meister ausdrücklich »verborgene Meister« (tsching dse). Das heißt, es ist geradezu eine Eigenschaft des Meisters, ein wichtiges

Merkmal, woran man ihn gleichsam erkennen kann, dass er jede Publizität scheut, für sich nicht wirbt, sich eher zurückzieht denn die Öffentlichkeit sucht. Besonders das Buch des Dschuang Dse, also des Meisters Dschuang, durchzieht dieses Thema in beherrschender Weise. Ein Beispiel sind die Gleichnisreden mit den Themen »Der Festochse« (s. Nr. 52) und »Die Schildkröte« (s. Nr. 53).

Das Ziel, im Verborgenen, in Abgeschiedenheit zu leben, muss nicht unbedingt im räumlich-materiellen Sinn verstanden werden, obgleich es unter den Taoisten die Neigung gab, sich aus der umtriebigen Welt in die Bergeinsamkeit zurückzuziehen. Dies wird übrigens zu einem zentralen Topos der klassischen chinesischen Malerei: Die ideale, grandiose Berglandschaft, die einem phantastisch erscheint, die es jedoch in China gibt (z.B. in der Umgebung von Guilin [Provinz Guangxi, Südchina]), und darin verborgen die stille, romantische Hütte des taoistischen Weisen. Doch letztlich hatten ja nur wenige die Chance, diese räumliche Abgeschiedenheit zu erreichen. Für die Taoisten war es deshalb wichtiger, jenen Raum der Abgeschiedenheit im jeweiligen Lebenskontext zu kreieren, ja ihn letztlich in

Herz und Seele zu bilden, also gleichsam zu internalisieren. Auch hier könnte man wieder darauf hinweisen, dass man diesen kleinen »Abgeschiedenheiten« in China auch heute noch überall begegnen kann, auch wenn sie nun allmählich im Zuge der Modernisierung zurückgedrängt werden. Ob es nun die vielen chinesischen Mauern sind – es gibt ja nicht nur die Chinesische Mauer, sondern in China ist praktisch alles ummauert – oder ob es die intimen Innenhöfe der traditionellen chinesischen Häuser sind, ob es die in Kork geschnitzten und aus Natursteinen nachgebildeten idealen Landschaften oder die bereits erwähnten Malereien sind, all dies sind Ausdrucksformen dieses Verlangens, dieser Sehnsucht. Sehnsucht nach dem Tao wohl auch. Denn in keinen anderen Ausdrucksformen kommt Tao so direkt zum Ausdruck wie in chinesischer Kunst, auch der Gartenkunst, und Architektur.

All dies ist aber auch lediglich Hilfsmittel, Brücke zur Erreichung des Wu-wei. Wu-wei ist ein Zustand wacher oder bewusster Gelassenheit, also nicht ein schläfriger oder fatalistischer Zustand. Vielleicht kommt am besten in der Haltung beim Zen-Sitzen, Za-Zen, jener Zustand zwischen Wachheit und Abgeschlossenheit zum Ausdruck oder besser gesagt: ein Zustand, der beides miteinander vereinigt.

Wer dem Tao nahe gekommen ist, ist deshalb wie ein stilles Wasser, in dem sich die Welt widerspiegelt. Dann wirkt der »Taoist«, ohne irgendwie aktiv zu werden (s. Nr. 54).

So wie das Tao wirkt, ohne zu handeln, muss der werden, der dem Tao folgt. Das bedeutet jedoch nicht – um dies noch einmal zu betonen –, sich gehen zu lassen, sondern vielmehr gelassen zu werden. Wu, jenes chinesische Wort, das die Negation, ja das Nichts bedeuten kann, nimmt die letztere Bedeutung im Taoismus erst unter Einfluss buddhistischen Denkens an und in Symbiose mit dem Buddhismus. Im Taoismus ist Wu die andere Seite des Seienden. Und was die Zeit betrifft, ist es das Nicht-mehr und das Noch-nicht. Immer wieder stößt man bei der Beschäftigung mit der Tao-Lehre auf die ganz eigene Sicht der Zeit. Sie kann letztlich nur aus dem dynamischen Bild des Kosmos erklärt werden, das die Taoisten entwickelt haben (s. Nr. 55-64).

52

EIN FÜRST HATTE eine Botschaft an Dschuang Dse gesandt, um ihn zu sich einzuladen.

Dschuang Dse empfing die Gesandten und sprach: »Habt Ihr schon einmal einen Opferstier gesehen? Er wird bedeckt mit köstlichen Stickereien und wird gemästet mit Gras und Kräutern. Aber wenn es dann so weit ist, dass er zum Tempel geführt wird, da möchte er wohl gerne mit einem verwaisten Kalb tauschen. Aber dann ist's zu spät.

Dschuang Dse XXVII,19

53

DSCHUANG DSE FISCHTE einst am Fluss Pu. Da sandte der König von Tschu zwei hohe Beamte als Boten zu ihm und ließ ihm sagen, dass er ihn mit der Ordnung seines Reiches betrauen möchte.

Dschuang Dse behielt die Angelrute in der Hand und sprach ohne sich umzusehen: »Ich habe gehört, dass es in Tschu eine Götterschildkröte gibt. Die ist nun schon dreitausend Jahre tot, und der König hält sie in einem Schrein mit seidenen Tüchern und birgt sie in

久晴水已淺
板及陌上新秧撻
玉疇農事忙
與杞憂催耕負
為傍人咻
鈍涯杜五記

den Hallen eines Tempels. Was meint Ihr nun,
dass dieser Schildkröte lieber wäre: dass sie tot
ist und ihre hinterlassenen Knochen also geehrt
werden, oder dass sie noch lebte und ihren
Schwanz im Schlamme nach sich zöge?«
Die beiden Beamten sprachen: »Sie würde es
wohl vorziehen, zu leben und ihren Schwanz
im Schlamme nach sich zu ziehen.«
Dschuang Dse sprach: »Geht hin! Auch ich
will lieber meinen Schwanz im Schlamme
nach mir ziehen«.

Dschuang Dse XVII,10

54

DARUM TUT DER WEISE ohne Taten,
bringt Belehrung ohne Worte.
So gedeihen die Dinge ohne Widerstand.
So lässt er sie wachsen und besitzt sie nicht,
tut und verlangt nichts für sich,
nimmt nichts für sich, was er vollbracht.
Und da er nichts nimmt,
verliert er nichts.

Tao Te King 2

55

DIE VERLORENE PERLE

Der Gelbe Kaiser wanderte
nördlich des Roten Wassers
zum Berg Kwan Lun. Er beugte sich
über den Rand der Welt
und schaute weit
in die Runde. Auf dem Weg
nach Hause verlor er seine
nachtfarbene Perle.
Er schickte Wissenschaft aus, seine Perle zu
suchen.
Die Wissenschaft fand sie nicht.
Er schickte die Kritik aus, seine Perle zu suchen.
Die Kritik fand sie nicht.
Er schickte die Logik aus, seine Perle zu suchen.
Die Logik fand sie nicht.
Dann fragte er das Nichts,
und das Nichts hatte die Perle.
Der Gelbe Kaiser sprach:
»Seltsam fürwahr: Das
Nichts, welches nicht ausgeschickt war
und nichts unternahm, um zu finden,
hatte die nachtfarbene Perle«.

Dschuang Dse XII,4

56

DER TOD DES UNBEWUSSTEN

Der Herr des Südmeeres war der Schillernde;
der Herr des Nordmeeres war der Zufahrende;
der Herr der Mitte war der Unbewusste.
Der Schillernde und der Zufahrende trafen sich
häufig im Lande des Unbewussten, und der
Unbewusste begegnete ihnen stets freundlich.
Der Schillernde und der Zufahrende überleg-
ten nun, wie sie des Unbewussten Güte ver-
gelten könnten. Sie sprachen: Die Menschen
alle haben sieben Öffnungen zum Sehen, Hören, Essen und Atmen, nur er hat keine. Wir
wollen versuchen, sie ihm zu bohren.«
So bohrten sie ihm jeden Tag eine Öffnung. Am
siebenten Tage, da war der Unbewusste tot.

Dschuang Dse VII, 7

57

JE WEITER MAN REIST,
desto weniger weiß man.

Tao Te King 47

58

UND DAS TIEFSTE aller Geheimnisse ist dies:
Wo immer du gehst, dort ist deine Heimat.

Meister Lü Tung-pin (755-796)

59

EIN MANN AUS YING schrieb einen Brief an den Kanzler des Staates Yän. Die Nacht war bereits hereingebrochen, und das Licht in seiner Kammer nicht hell genug. Darum sagte er zu seinem Diener: »Erhebe die Leuchte!« Und diesen Satz schrieb er versehentlich auch nieder, obgleich er gar nicht in den Brief hineingehörte.

Als der Kanzler von Yän den Brief gelesen hatte, war er hoch erfreut. Erhebe die Leuchte! sagte er sich. Damit meint er zweifellos: Erhebe die Leuchten der Tugend und Gelehrsamkeit. Das heißt also, dass ich tugendhafte und weise Männer in den Staatsdienst aufnehmen soll. Der Kanzler berichtete dem König von Yän davon, der gleichfalls hoch erfreut war.

So geschah es, dass der Staat Yän eine vorbildliche Regierung bekam. Diesen Erfolg kann man zwar keineswegs bestreiten, nur hatte er mit dem eigentlichen Inhalt des Briefes nichts zu tun.

Ähnlich verhält es sich mit den Bemühungen der Gelehrten unseres Zeitalters. Vieles, was ihnen gelingt, ist lediglich einem Zufall zuzuschreiben.

Han Fe Dse (280? – 233 v.Chr.)

60

ES IST ABEND. Ein Kahn gleitet durchs Wasser. Es nähert sich ein anderes Boot. Der Schiffer schreit: Pass auf! Aber das andere Boot ändert seinen Kurs nicht. Es folgt ein starker Zusammenstoß. Zornig will der Schiffer dem anderen Bootsmann mit dem Ruder zu Leibe gehen. Da sieht er, dass das Boot leer ist. Und nun verändert seine Wut in Freude.

Wer Zen besitzt, fasst alle Konflikte in dieser Welt unpersönlich auf. Er sieht keine feindlichen Schiffer, sondern nur leere Boote. Dann wird jede Aufregung zu Freude. Das ist das Geheimnis von Wu Wei.

Zen-Tradition

61

BÄUME UND BERGE dauern. Warum? Weil sie nichts tun.

Östliche Weisheit

62

DER SPIEGEL DES HERZENS

Der höchste Mensch gebraucht sein Herz wie einen Spiegel. Er geht den Dingen nicht nach und geht ihnen nicht entgegen; er spiegelt sie wider, aber hält sie nicht fest. Darum kann er

die Welt überwinden und wird nicht verwundet. Er ist nicht der Sklave seines Ruhms; er hegt nicht Pläne; er gibt sich nicht ab mit den Geschäften; er ist nicht Herr des Erkennens. Er beachtet das Kleinste und ist doch unerschöpflich und weilt jenseits des Ichs. Bis aufs Letzte nimmt er entgegen, was der Himmel spendet, und hat doch, als hätte er nichts. Er bleibt demütig.

Dschuang Dse VII, 6

63

DIE SEEMÖWEN

Unter den Leuten am Meer waren etliche, die Seemöwen liebten. Jeden Morgen gingen sie auf das Meer hinaus und schwammen den Möwen nach. Und die Seemöwen kamen herbei zu Hunderten und mehr. Da sprach ihr Vater: »Ich höre, die Seemöwen schwimmen euch nach. Fangt doch ein paar, dass ich mit ihnen spiele.« Am anderen Tage schwammen sie wieder ins Meer hinaus. Die Möwen kreisten in der Luft, kamen aber nicht herunter. Darum heißt es: »Vollkommene Rede ist ohne Worte, vollkommenes Tun ist ohne Handeln. Was alle Wesen wissen, ist flach.«

Liä Dse II, 11

NICHT HAFTEN

Des Himmels SINN [= Tao]³⁹ ist, seine Kreise
zu vollenden und nirgends sich zu stauen; darum kommen alle Geschöpfe zustande. Des
Herren SINN ist, seine Kreise zu vollenden
und nirgends sich zu stauen; darum fällt alle
Welt ihm zu. Des Berufenen SINN ist, seine
Kreise zu vollenden und nirgends sich zu stau-
en; darum gehorcht ihm alles Land. Erleuchtet
vom Himmel, kund der Offenbarung: also
durchdringt die Lebenskraft des Herrschers die
ganze räumliche Welt. Seine eigenen Taten
sind unbewusst. Alles ist still in ihm. Des berufenen Heiligen Stille ist nicht Stille als solche;
er ist gut, darum ist er still. Die Dinge der Welt
vermögen sein Herz nicht zu stören, darum ist
er still. Ist das Wasser stille, so spiegelt es klar
jedes Härchen. Die Wasserwaage nimmt der
kundige Handwerker zur Richtung. Ist also
stilles Wasser klar, wieviel mehr der Geist! Das
Herz des Berufenen ist stille; darum ist es der
Spiegel von Himmel und Erde ...

Dschuang Dse XIII, 1

LEBEN UND TOD

Die wesentlichen Aussagen der Religionen betreffen die so genannte Sinnfrage und – ursprünglich damit verbunden – die Frage nach Gut und Böse, was dann in der Regel zu moralischen Kategorien führt.

Für die Taoisten ist der Tod in der Tat ein Ereignis des Lebens, ohne den Leben nicht entstehen und bestehen kann. Nun mag man einwenden, welchen Trost oder welche Stütze dies dem Einzelnen gibt. Bevor man diese Gelassenheit vor dem Sterben und dem Tod erreicht, ist allerdings die Einübung in Tao erforderlich. Dazu gehört auch, den Tod nicht zu achten (s. Nr. 65).

Der Tod wird als Rückkehr zum Ursprung gesehen, dessen Sinn erkannt sein muss, bevor er droht einzutreten. Angesichts des Todes sind die Taoisten keineswegs von erhabener, sachlicher Abstraktion. Im Buch Dschuang Dse finden sich kurze Berichte über das Sterben des Lau Dse (III,4) und des Dschuang Dse. Der Letztere ist nicht ohne Humor, ja Sarkasmus. Seine Jünger wollen Dschuang Dse prächtig bestatten. Dschuang Dse lehnt es ab (s. Nr. 66). Die taoistischen Texte geben aber auch angesichts des eigenen Todes Trost und Stärkung. Hier seien nur einige Beispiele zitiert (s. Nr. 67-82).

65

VON DEN MENSCHEN aber
treiben sich selbst in den Tod
drei von zehn.
Und warum?
Weil sie zuviel tun für das Leben.

Tao Te King 50

66

UNBEERDIGT DIENE ICH den Krähen und Weihen zur Nahrung, beerdigt den Würmern und Ameisen. Den einen es nehmen, um es den anderen zu geben: warum so parteiisch sein?

Dschuang Dse XXVII,20[40]

67

WER DAUERT IM DAU,
taucht in die Tiefe gefahrlos.

Tao Te King 16

68

WENN DU WEISST,
dass alles, was du tust, verkehrt ist,
was tust du dann?

Hisamatsu Shin'ichi (1889-1980)

69

DAS BEKOMMEN HAT SEINE ZEIT, das
Verlieren ist der Lauf der Dinge. Wer es versteht, mit der ihm zugemessenen Zeit zufrieden zu sein und sich zu fügen in den Lauf der
Dinge, dem vermag Freude und Leid nichts
anzuhaben.
Die Kraft, die es gut gemacht hat mit unserem
Leben, wird eben deshalb es auch gut machen
mit unserem Sterben.

Dschuang Dse VI, 1

70

UND WEN DER HIMMEL schützen will,
den schützt er mit der Macht des Mitleids.

Tao Te King 67

LAU DAN (Lau Dse) war gestorben. Tsin Schi
ging hin, um sein Beileid zu bezeugen. Er stieß
drei Klagelaute aus und kam wieder heraus.

Ein Jünger fragte ihn: »Wart Ihr nicht unseres
Herrn Freund?«

Er sagte: »Wohl.«

»Ist es Euch dann genug, auf diese Weise Euer
Beileid zu bezeugen?«

Er sprach: »Ja! Anfangs hielt ich dafür, dass er
unser Mann sei, und nun ist es doch nicht so.
Als ich vorhin hineinging, um zu klagen, da
beweinten ihn die Alten, als weinten sie um
einen Sohn, und die Jungen weinten, als trau-
erten sie um eine Mutter. Um sie so fest an
sich zu binden, muss er Worte gesprochen
haben, die er nicht hätte sprechen sollen, und
Tränen geweint haben, die er nicht hätte wei-
nen sollen. Das ist aber ein Abweichen von
der himmlischen Natur, das nur die menschlichen Gefühlsregungen vermehrt, so dass man
die anvertrauten Gaben vergisst. Diesen Zustand nannten die Alten: die Strafe für das
Verlassen der himmlischen Natur.

Der Meister kam in diese Welt, als seine Zeit
da war. Der Meister ging aus dieser Welt, als
seine Zeit erfüllt war. Wer auf seine Zeit war-

tet und der Erfüllung harrt, über den haben
Freude und Trauer keine Macht mehr. Diesen
Zustand nannten die Alten: die Lösung der
Bande durch Gott.«

Was wir ein Ende nehmen sehen, ist nur das
Brennholz. Das Feuer brennt weiter. Wir erkennen nicht, dass es aufhört.

Dschuang Dse III, 4

72

DSCHUANG DSE BEIM TOD SEINER
FRAU

Die Frau des Dschuang Dse war gestorben.
Hui Dse ging hin, um ihm zu kondolieren. Da
saß Dschuang Dse mit ausgestreckten Beinen
auf dem Boden, trommelte auf einer Schüssel
und sang.

Hui Dse sprach: »Wenn eine Frau mit einem
zusammengelebt hat, Kinder aufgezogen hat
und im Alter stirbt, dann ist es wahrlich schon
gerade genug, wenn der Mann nicht um sie
klagt. Nun noch dazuhin auf einer Schüssel zu
trommeln und zu singen, ist das nicht gar zu
bunt?«

Dschuang Dse sprach: »Nicht also! Als sie eben
gestorben war, denkst du, dass mich da der
Schmerz nicht auch übermannt habe? Aber als

ich mich darüber besann, von wannen sie gekommen war, da erkannte ich, dass ihr Ursprung jenseits der Geburt liegt; ja nicht nur
jenseits der Geburt, sondern jenseits der Leiblichkeit; ja nicht nur jenseits der Leiblichkeit,
sondern jenseits der Wirkungskraft. Da entstand eine Mischung im Unfassbaren und Unsichtbaren, und es wandelte sich und hatte
Wirkungskraft; die Wirkungskraft verwandelte
sich und hatte Leiblichkeit; die Leiblichkeit
verwandelte sich und kam zur Geburt. Nun
trat abermals eine Verwandlung ein, und es
kam zum Tod. Diese Vorgänge folgen einander wie Frühling, Sommer, Herbst und Win-
ter, als der Kreislauf der vier Jahreszeiten. Und
nun sie da liegt und schlummert in der großen
Kammer, wie sollte ich da mit Seufzen und
Klagen sie beweinen? Das hieße das Schicksal
nicht verstehen. Darum lasse ich ab davon.«

Dschuang Dse XVIII,2

73

CHUANG TZU SAGTE, dass bei seinem letzten Geleit
der Himmel und die Erde seinen Sarg abgäben,
Wenn dann für mich die Zeit zur Heimkehr
kommt,

brauche ich nur ein paar Bananenblätter.

Als Leiche werde ich die grünen Fliegen füttern,
bei weißen Kranichen müht man sich nicht
um Totenklage.

Und übermannt mich auch der Hunger auf
dem Shou Yang Berg,
nach einem unbescholtenen Leben ist auch der
Tod voll Freuden.

Keiner der weisen Männer seit dem Altertum
hat uns ewiges Leben demonstriert.

Was auch ins Leben kam, geht wieder in den
Tod,
muss ganz und gar in Staub und Asche fallen.

Gebeine häufen sich zu einem riesigen Berg,
ein Ozean aus Abschiedstränen.

Was bleibt sind nichts als leere Namen.

Wer entflieht dem Kreislauf von Geburt und
Tod?

Han Shan

74

DSI GUNG SPRACH: »Hohes Alter ist etwas, das nach dem Gefühl der Menschen gut
ist; aber der Tod ist etwas, das die Menschen
hassen: wie könnt Ihr denn den Tod für Freude achten?«

Lin Le sprach: »Sterben und Leben ist ein Gehen und Zurückkehren. Darum, wer hier stirbt: wer weiß, ob er nicht dort geboren wird? Ich weiß nur, dass beides einander nicht gleich ist. Wie kann ich wissen, ob einer, der mit Müh' und Not sein Leben sucht, nicht am Ende betrogen ist? Wie kann ich wissen, ob heute mein Tod nicht etwas Besseres ist als früher mein Leben?«

Liä Dse I, 6

75

DIE MENSCHEN im Allgemeinen wissen nur, dass das Leben eine Freude ist, aber nicht, dass es auch bitter ist. Sie wissen nur, dass das Alter hinfällig ist, aber nicht, dass es auch friedlich ist. Sie wissen nur, dass der Tod ein Übel ist, aber nicht, dass er auch Ruhe gibt.

Liä Dse I, 7

76

DIESE WELT DES LEIDENS!
Selbst dann, wenn alles in Blüte,
selbst dann, wenn es blüht ...

Issa (1763-1827)

77

NIEMAND WEISS, was der Tod ist, ob er ein Übel ist oder ein Gut. Doch alle Menschen fürchten ihn so, als wüssten sie genau, dass er ein Übel sei.

Östliche Weisheit

78

ICH KOMME ALLEIN.
Ich sterbe allein.
Dazwischen bin ich Tag und Nacht allein.

Zen-Meister Sengai (1750-1837)

79

WAS IST MEIN VERMÄCHTNIS?
Die Blüten im Frühling,
der Kuckuck auf den Hügeln,
die Blätter im Herbst.

Zen-Meister Ryokan (1756-1851)

80

WIE EINER SEIN SOLL
Wie einer sein soll?
Die Besten unter den Alten hatten keine Angst,
wenn sie alleinstanden mit ihren Ansichten.

Keine Bravourstücke. Keine Pläne.
Wenn sie scheiterten, grämten sie sich nicht.
Wenn sie Erfolg hatten, beglückwünschten sie
sich nicht selber.
Sie klopften Klippen ab und wurden dabei
nicht schwindlig.
Sie tauchten im Wasser und wurden dabei
nicht nass.
Sie gingen durch Feuer und verbrannten nicht.
Ihre Richtschnur war Tao.

Die Besten unter den Alten
schliefen traumlos
und wachten ohne Besorgnis auf.
Ihre Speise war einfach. Sie atmeten tief.
Sie atmeten mit ihrem ganzen Körper,
andere atmen mit ihrer Gurgel,
halb erstickt. Im Gespräch holen sie Argumente
herauf wie einer, der sich erbrechen muss.

Wo die Quellen der Leidenschaft
tief liegen,
trocknen die himmlischen
Brunnen bald aus.
Die Besten unter den Alten
hingen nicht am Leben
und fürchteten nicht den Tod.

Ohne Jubel betraten sie die Lebensbühne
und verließen sie ohne Widerstreben.
Leichte Ankunft, leichter Abgang.
Sie vergaßen nicht, woher sie kamen,
und fragten nicht, wohin sie gehen würden,
und sie bahnten sich nicht grimmig
einen Weg durchs Leben.
Sie nahmen alles, wie es kam. Völlig heiter.
Nahmen auch den Tod an. Ohne Jammern.
Und gingen fort, dort hin,
nach drüben.

Sie lehnten sich nicht gegen Tao auf
und versuchten auch nicht, mit Menschenkunst
Tao den Weg zu ebnen.
So sollte einer sein.

Ein unabhängiger Geist. Wenn die Gedanken
gedacht sind,
dann ist seine Stirn wieder klar und das Antlitz
heiter.
Waren die Alten zu kühl? Nur so kühl wie der
Herbst.
Waren sie hitzig? Nicht hitziger als der Frühling.
Alles, was aus ihnen kam,
kam gelassen wie die vier Jahreszeiten.

Dschuang Dse VI, I

DAS, WAS DEN TOD des Lebens herbei-
führt, ist selbst dem Tod nicht unterworfen;
das, was das Leben erzeugt, wird selbst nicht
geboren. Es ist ein Wesen, das alle Dinge be-
gleitet, das alle Dinge empfängt, das alle Dinge
zerstört, das alle Dinge vollendet. Sein Name
heißt: Ruhe im Streit. Ruhe im Streit bedeutet, dass er durch den Streit zur Vollendung
kommt.

Dschuang Dse VI, 2

82

DER NUTZEN DES TODES

Herzog Ging von Tsi wanderte auf dem Kuh-
berg. Als er von Norden der Hauptstadt seines
Landes nahte, da vergoss er Tränen und rief
aus: »Wie schön bist du, o Land! So üppig, so
prächtig, glitzernd im Tau! Muss ich dies Land
verlassen und sterben? O, gäbe es doch keinen
Tod in der Welt! Wenn ich von hier scheide,
wohin werde ich dann kommen?« Der Ge-
schichtsschreiber Kung und Liang Kiu Gü taten es ihm beide nach und sprachen schluch-
zend: »Wir hängen von des Fürsten Gnade ab,
und unsere Speise ist einfaches Gemüse und

geringes Fleisch. Wir fahren mit alten Mähren und Rumpelwagen und möchten dennoch nicht sterben. Wieviel mehr (Grund zur Klage) hat da erst unser Fürst!«

Nur Meister Yän lächelte für sich. Der Herzog wischte seine Tränen ab, wandte sich an Meister Yän und sprach: »Der Spaziergang hat Uns traurig gemacht, und Kung und Gü haben es Uns beide nachgetan und auch geweint. Warum lachst du allein?« Meister Yän erwiderte und sprach: »Wenn die Würdigen ewig dauerten, so wäre der Große Herzog und der Herzog Huan ewig am Leben geblieben. Wenn die Mutigen ewig dauerten, so wären die Herzöge Dschuang und Ling ewig am Leben geblieben. Wenn nun alle diese Fürsten heute noch lebten, so könnten Eure Hoheit im Schilfmantel und Strohhut auf den Feldern stehen. In diesem bemitleidenswerten Zustand hättet Ihr keine Muße gehabt, ans Sterben zu denken, und wie wäre es dann überhaupt möglich geworden, dass Eure Hoheit auf den Thron gekommen wären? Dadurch, dass in beständigem Wechsel jeder weilte und dann wieder ging, kam die Reihe an Eure Hoheit. Darüber nun aber Tränen zu vergießen, ist nicht wahre Seelengröße. Ich habe einen Fürsten gesehen ohne wahre Seelengröße und habe Diener gesehen, die ihm schmeichelnd nach dem Munde redeten. Als ich dies beides sah, da habe ich mir erlaubt, heimlich für mich zu lächeln.«

Der Herzog Ging schämte sich. Er erhob den Becher sich selbst zur Strafe, und er bestrafte seine beiden Diener, jeden mit zwei Bechern Weins.

Liä Dse VI, 12

GUT UND BÖSE –
GERECHTIGKEIT

Angesichts des einen Tao, in dem alle Gegensätze aufgehoben sind, verliert auch das Gegensatzpaar Gut-Böse seine Spannung. Doch ist der Taoismus keinesfalls ohne Ethik oder Moral. Das Gegenteil ist der Fall. Neben Tao steht Te (oder De) zentral. Te kann man als die aus dem Tao resultierende oder sich ergebende Weise des Handelns bezeichnen; vereinfacht wird das Wort meistens mit »Tugend« übersetzt.

Vielleicht kann sich westliches Denken an taoistischen Einschätzungen von Gut und Böse neu orientieren. In einer Zeit nach Nietzsches »Umwertung aller Werte« und einer »Skeptischen Ethik« (Weischedel) könnte die Tao-Lehre manches zurechtrücken. Ein Urteil über Gut und Böse sowie über die Gerechtigkeit

erfordert Weisheit, die wiederum allein durch
Einübung in den Geist des Tao erreicht werden kann (s. Nr. 83-95).

83

NICHT IMMER GLEICH ist des Weisen
Herz:
Zum Herzen des Volkes macht er sein Herz.
Gut heißt er die Guten,
gut aber auch die Unguten:
Denn gut ist aller Dinge De.

Tao Te King 49

84

DER GUTE DIENT dem Unguten als Lehr-
meister,
der Ungute dem Guten als Lehrling.

Tao Te King 27

85

WER SEIN LICHT NIMMT und es zurück-
trägt zur Helle,
dem wird nie widerfahren ein Leid.
Denn das heißt:
Dem Ewigen folgen.

Tao Te King 52

86

DER SCHÜLER DES KENG
kommt zu Lau Dse.
Lao: »Wer sind die Leute alle, die du da mit-
gebracht hast?«
Der Schüler dreht sich um: Niemand da.
Er erschrickt.
Lao: »Verstehst du nicht?«

Dschuang Dse XXIII, 1

87

ICH HABE DREI SCHÄTZE.
Die halte ich fest.
Der erste – Mitleid.
Der zweite – Genügsamkeit.
Der dritte – Angst, sich vorzudrängen.

Tao Te King 67

88

EIN HUND IST nicht deshalb gut, weil er
tüchtig bellen kann;
ein Mensch ist nicht deshalb weise, weil er
tüchtig reden kann.

Dschuang Dse XXIV, 10

89

DAS TAO, das keinem nahe steht,
ist immer auf der Seite der Gerechten.

Tao Te King 79

90

TAO – worin jeder seinen Platz hat – ist
Gerechtigkeit.

Dschuang Dse XVI, 1

91

VERLOREN GING das große Tao –
Güte und Rechtschaffenheit entstand.

Tao Te King 18

92

SCHAFFT AB DIE GÜTE, verwerft die
Rechtschaffenheit –
die Menschen werden wieder einander lieben.

Tao Te King 19

93

DER WEISE WILL NICHT Recht behalten.

Tao Te King 22

LUST AM SCHARFBLICK führt zum Übermaß der Farbenpracht; Lust an Feinhörigkeit führt zum Übermaß der Töne; Lust an der Menschenliebe führt zur Verwirrung des wahren *Lebens*; Lust an der Gerechtigkeit führt zur Beeinträchtigung der Vernunft; Lust an den Umgangsformen fördert trügerischen Schein; Lust an der Musik fördert die Zügellosigkeit; Lust an der Heiligkeit fördert allerhand Kunstgriffe; Lust an der Erkenntnis fördert die Tadelsucht. Wenn die Welt sich ruhig abfindet mit den Verhältnissen der Naturordnung, so mögen jene Dinge da sein oder fehlen, und es bringt keinen Schaden. Wenn aber die Welt sich nicht ruhig abfindet mit den Verhältnissen der Naturordnung, dann fängt man an, jene Dinge unmäßig zu fördern oder gewaltsam zu unterdrücken, und verwirrt die Welt dadurch, und die Welt beginnt sie zu ehren, sie zu lieben. Tief wahrlich ist die Verblendung der Welt; nicht nur geht sie an diesen Dingen nicht vorüber oder entfernt sie, nein, sie fastet und kasteit sich, um von diesen Dingen zu reden; sie paukt und singt, um sie zu üben. Was lässt sich da machen?

Darum, wenn ein großer Mann gezwungen ist, sich mit der Regierung der Welt abzugeben, so ist am besten das Nicht-Handeln. Durch Nicht-Handeln kommt man zum ruhigen Abfinden mit den Verhältnissen der Naturordnung. Darum, wem sein (wahres) Ich wichtiger ist als die Herrschaft über die Welt, dem kann man die Welt übergeben. Wenn der Herrscher es fertig bringt, sein Innerstes nicht zu zerteilen, seinen Scharfsinn nicht zu gebrauchen, dann weilt er wie ein Leichnam, und ungeheure Wirkungen zeigen sich; er ist in abgrundtiefes Schweigen gehüllt und erschüttert doch (die Welt); sein Geist bewegt sich, und die Natur folgt ihm; er lässt sich gehen und handelt nicht, und alle Wesen drängen sich um ihn zusammen. Wie sollte ein solcher noch Muße haben, die Welt zu ordnen!

Dschuang Dse XI, 1

95

VOM ABTUN DES ÄUSSERLICHEN

Wenn man jemand im Marktgedränge auf den Fuß tritt, so entschuldigt man sich wegen seiner Unvorsichtigkeit. Wenn ein älterer Bruder seinem jüngeren auf den Fuß tritt, so klopft er ihm auf die Schulter. Tun's die Eltern, so erfolgt nichts weiter. Darum heißt es: Höchste Höflichkeit nimmt keine besondere Rücksicht auf die Menschen; höchste Gerechtigkeit kümmert sich nicht um Einzeldinge; höchste Weisheit schmiedet keine Pläne; höchste Liebe kennt keine Zuneigung, höchste Treue gibt kein Pfand ...

Dschuang Dse XXIII, 5

TAO – ERFAHRUNG DES URSPRUNGS

Wie kann man das heute wachsende Interesse am Taoismus im Westen erklären? Verschiedene Erklärungsversuche dürften wahrscheinlich in dem Ergebnis münden, dass das zunehmende Interesse am Zen und dessen Übung dafür verantwortlich sind. Zen, wie er heute auch im Westen Verbreitung findet, ist gleichsam die vollendete japanische Blüte eines alten Baumes, dessen beide Hauptwurzeln in Chinas alte Philosophie und die aus Indien nach China gebrachte Lehre des Buddha reichen. Der chinesische Mönch Hui-Yüan (334-416 n.Chr.), der als Gründer der so genannten Amida-Sekte vom Reinen Land gilt, vereinigte in besonderer Weise buddhistische und taoistische Elemente in seinen Meditationen. Sein Zeitgenosse Seng-chao (384-414), dessen Schriften von späteren Zen-Meistern hoch geschätzt wurden, verband die Weisheiten der taoistischen Philosophen mit der Buddha-Lehre.

Wer sich also mit Zen befasst oder Zen übt, kommt auch über kurz oder lang mit dem philosophischen Taoismus und seinen Inhalten in Berührung.

Tao selbst ist ja nicht monolithisch, sondern ändert sich, »entfließt – ist also fern, fern – und kehrt doch zurück« (Tao Te King 25). Und dies gilt auch für das Wort: »Als Gegenteil ist oft das Wort erst wahr« (ebd. 78).

In der Tao-Lehre oder bei den Taoisten wird man selbst gleichfalls in erster Linie keine Antworten auf seine Fragen finden. Stattdessen begegnet man Menschen, die die uralten Fragen des Menschen stellen. Und geben die Taoisten einmal Antworten, sind diese stets vorsichtig und abgewogen, lassen Freiraum dem, der die Frage gestellt und auf eine Antwort gewartet hat. Die Antworten werden zudem nicht ohne Humor oder Relativierung der Bedeutung des »Meisters« gegeben. Etwas Vergleichbares findet man in Martin Bubers »Erzählungen der Chassidim«, der sich auch mit den Taoisten, besonders mit Dschuang Dse befasst hat.

Für die Taoisten liegt der »Orientierungspunkt« in der Vergangenheit, besser gesagt: im Ursprung von allem, was ist. Das Fragen, worüber hier schon gesprochen wurde, und das Suchen nach dem Ursprung oder Urgrund kommen gut in einem Text mit dem Titel »Himmelsfragen« von Tschü Yüan (gest. 278 v.Chr.) zum Ausdruck (s. Nr. 96).

Sofern die taoistischen Meister Antworten geben, sind sie in der Regel durch zweierlei ausgezeichnet: Zum einen werden keine vorgefertigten, allgemeingültigen Antworten gegeben; stattdessen wird eher an die Beobachtungsgabe und Urteilskraft des Fragenden appelliert. Ferner betonen die Taoisten gerne den Wert der Tradition. Als Beispiel sei ein Text von Dschuang Dse zitiert (s. Nr. 97).

Am Ende der Antwort steht wieder eine Frage. Dies ist für taoistische Texte bezeichnend. Dabei ist die Antwort durchaus informativ und – wenn man so will – belehrend, wie es weitere Beispiele (s. Nr. 98-110), darunter auch aus der Dichtung (Nr. 111-117), belegen.

96

ICH FRAGE:
Wer konnte der Nachwelt künden
vom Anbeginn, den keiner kennt,
den Urgrund alles Seins ergründen,
eh Himmel und Erde sich getrennt,
im Chaos eine Richtung finden,
im Wirbelstrom ein Fundament?
Wer bringt die Nacht,
und wer mag zünden
den Lichterglanz am Firmament?

Tschü Yüan[41]

97

AUF DIE FRAGE, woher sie das TAO emp-
fangen habe, antwortete Niu-kiu, die Frau mit
dem Buckel: Ich habe es gehört vom Sohn des
Kalligraphen, der es seinerseits vom Kind des
Rhapsoden erhielt. Der wieder hatte es vom
Visionär des Lichtes gelernt. Dieser hatte es
vom flüsternden Lehrer. Der Letztgenannte
hatte es in einer harten Lehrzeit erhalten.
Harte Lehrzeit des Volksgesangs, Volksgesang
voller Dunkelheit, Dunkelheit der dreifachen
Leere, die es hörte von:
Vielleicht ein Anfang?

Dschuang Dse VI,2

HUI-TSE SAGTE ZU TSCHUANG:
Ich habe einen großen Baum,
man nennt ihn ›Stinkbaum‹.
Der Stamm ist so verwachsen,
so voller Knorren,
dass nicht ein einziges gerades Brett
herauskommt. Die Äste sind so krumm gewachsen,
dass niemand etwas Rechtes
aus ihnen schneiden kann.

Da steht er nun am Straßenrand,
und kein Schreiner gönnt ihm einen Blick.

So wie dieser Baum sind deine Sprüche:
groß und unnütz.

Tschuang-tse erwiderte:
Hast du einmal darauf geachtet,
wie sich die Wildkatze duckt,
wenn sie nach Beute späht?
Sie springt hierhin und dorthin,
springt hoch und niedrig und landet
am Ende in der Falle.

李營邱松多作盤結
如龍蟠鳳翥

Betrachte dagegen den Yak!
Gewaltig wie eine Gewitterwolke
steht er in seiner Kraft da.
Groß? Sicher ist er groß,
kann keine Mäuse fangen.

Genau so ist es mit deinem großen Baum.
Unnütz?
Geh hin und pflanze ihn
in die leere Wüste.
Gehe gemächlich um ihn herum spazieren,
raste in seinem Schatten.
Keine Axt und keine Picke will ihm ans Leben.
Niemals wird er umgehauen werden.

Unnütz? Nachdenken solltest du!

Dschuang Dse I, 5

99

DREI AM MORGEN

Wenn wir träge werden und von allem nur
noch eine Seite gelten lassen wollen, wenn wir
uns weigern, die natürliche Entsprechung zwischen dieser einen Seite und ihrem Gegenteil
zu sehen, dann haben wir genau das, was man
»drei am Morgen« nennt.
Was bedeutet »drei am Morgen«?

Ein Affenwärter ging zu seinen Affen und sprach zu ihnen: »Was eure Nüsse anbetrifft, so werdet ihr am Morgen drei Handvoll und am Nachmittag vier Handvoll bekommen.«

Das passte den Affen ganz und gar nicht. Also sagte der Wärter: »Dann bekommt ihr vier Handvoll am Morgen und drei Handvoll am Nachmittag.« Damit waren die Affen einverstanden.

In beiden Fällen war die Zahl der Nüsse gleich, nur waren die Tiere mit der ersten Regelung unzufrieden, mit der zweiten aber einverstanden.

Der Wärter hatte sich bereit gefunden, seine ursprüngliche Vorstellung so zu ändern, dass sie den Vorstellungen der Affen entgegenkam. Dabei verlor er nichts!

Indem der wahrhaft Weise beide Seiten einer Sache unparteiisch in den Blick nimmt, sieht er sie beide im Licht des Tao an.

Dies nennt man: gleichzeitig auf zwei Wegen gehen.

Dschuang Dse II,4

DER KOCH

Der Fürst Wen Hui hatte einen Koch, der für ihn einen Ochsen zerteilte. Er legte Hand an, drückte mit der Schulter, setzte den Fuß auf, stemmte das Knie an: ritsch! ratsch! – trennte sich die Haut, und zischend fuhr das Messer durch die Fleischstücke. Alles ging wie im Takt eines Tanzliedes, und er traf immer genau die Gelenke.

Der Fürst Wen Hui sprach: »Ei, vortrefflich! Das nenn' ich Geschicklichkeit!« Der Koch legte das Messer beiseite und antwortete zum Fürsten gewandt: »Der *Sinn* ist's, was dein Diener liebt. Das ist mehr als Geschicklichkeit. Als ich anfing, Rinder zu zerlegen, da sah ich eben nur Rinder vor mir. Nach drei Jahren hatte ich's soweit gebracht, dass ich die Rinder nicht mehr ungeteilt vor mir sah. Heutzutage verlasse ich mich ganz auf den Geist und nicht mehr auf den Augenschein. Der Sinne Wissen hab' ich aufgegeben und handle nur noch nach den Regungen des Geistes. Ich folge den natürlichen Linien nach, dringe ein in die großen Spalten und fahre den großen Höhlungen entlang. Ich verlasse mich auf die (anatomischen)

Gesetze. Geschickt folge ich auch den kleinsten Zwischenräumen zwischen Muskeln und Sehnen, von den großen Gelenken ganz zu schweigen.

Ein guter Koch wechselt das Messer einmal im Jahr, weil er *schneidet*. Ein stümperhafter Koch muss das Messer alle Monate wechseln, weil er *hackt*. Ich habe mein Messer nun schon neunzehn Jahre lang und habe schon mehrere tausend Rinder zerlegt, und doch ist seine Schneide wie frisch geschliffen. Die Gelenke haben Zwischenräume; des Messers Schneide hat keine Dicke. Was aber keine Dicke hat, dringt in Zwischenräume ein – ungehindert, wie spielend, so dass die Klinge Platz genug hat. Darum habe ich das Messer nun schon neunzehn Jahre, und die Klinge ist wie frisch geschliffen. Und doch, so oft ich an eine Gelenkverbindung komme, sehe ich die Schwierigkeiten. Vorsichtig nehme ich mich in Acht, sehe zu, wo ich haltmachen muss, und gehe ganz langsam weiter und bewege das Messer kaum merklich – plötzlich ist es auseinander und fällt wie ein Erdenkloß zu Boden. Dann stehe ich da mit dem Messer in der Hand und blicke mich nach allen Seiten um. Ich zögere noch einen Augenblick befriedigt, dann reini-

ge ich das Messer und tue es beiseite.« Der
Fürst Wen Hui sprach: »Vortrefflich! Ich habe
die Worte eines Kochs gehört und habe die
Pflege des Lebens gelernt.«

Dschuang Dse III, 2

101

TÖTEN SOLL NUR, wer zu töten befugt ist.
Wer tötet statt seiner,
ist wie der Lehrling,
der das Beil schwingt an Stelle des Meisters.
Wer statt seiner das Beil schwingt,
zerhackt sich leicht die Hand.

Tao Te King 24

102

DER KRÜPPEL
Es war einmal ein Krüppel mit Namen Schu.
Der war so verwachsen, dass ihm das Kinn bis
auf den Nabel reichte. Seine Schultern waren
höher als der Kopf, sein Haarknoten stand zum
Himmel empor, die Eingeweide waren alle
nach oben verdreht, und seine Beine waren an
den Rippen angewachsen. Als Schneider und
Waschmann verdiente er genug, um davon zu
leben; durch Getreidesieben erwarb er sich so
viel, dass er zehn Menschen davon ernähren
konnte.

Wurde von oben her eine Aushebung von Soldaten ausgeschrieben, so stand jener Krüppel dabei und fuchtelte mit den Armen; waren für die Regierung schwere Fronden zu leisten, so wurde dem Krüppel wegen seiner dauernden Untauglichkeit keine Arbeit zugewiesen. Wenn dagegen die Regierung Getreide unter die Armen verteilte, so bekam der Krüppel drei Scheffel und zehn Bündel Reisig.

So diente ihm seine körperliche Verkrüppelung dazu, um seinen Lebensunterhalt zu finden und seiner Jahre Zahl zu vollenden. Wieviel mehr wird der davon haben, der es versteht, Krüppel zu sein im Geiste!

Dschuang Dse IV, 7

103

WUNDERBARE WEGE DER VORSEHUNG

In Sung lebte eine Familie, die wandelte schlicht und recht und ließ davon nicht ab, drei Geschlechter lang. Da warf im Hause ohne Ursache eine schwarze Kuh ein weißes Kalb. Man befragte den Meister Kung darüber. Meister Kung sprach: »Das ist ein gutes Zeichen. Man soll es dem höchsten Gotte opfern.«

Als ein Jahr um war, ward der Vater ohne Ursache blind. Die Kuh warf abermals ein weißes Kalb. Der Vater ließ abermals seinen Sohn den Meister Kung befragen.

Der Sohn sprach: »Das letzte Mal haben wir ihn befragt, und du verlorst das Augenlicht. Wozu sollen wir ihn noch einmal befragen?«

Der Vater sprach: »Der heiligen Männer Worte scheinen erst verkehrt, aber schließlich treffen sie zu. Noch ist die Sache nicht zu Ende. Frage ihn vorläufig noch einmal.«

Da fragte der Sohn abermals den Meister Kung.

Meister Kung sprach: »Es ist ein gutes Zeichen.« Und er ließ ihn abermals (das Kalb) als Opfer darbringen.

Der Sohn kehrte heim und teilte seinem Vater die Entscheidung mit.

Der sprach: »Tue nach den Worten des Meisters Kung.«

Als ein Jahr um war, da ward auch der Sohn ohne Ursache blind.

Danach bekriegte der Staat Tschu den Staat Sung und belagerte die Stadt, also, dass die Leute ihre Kinder austauschten und sie aßen, dass sie Knochen spalteten und mit ihnen Feuer anmachten. Alle kräftigen Männer mussten auf der Mauer stehen, und die meisten kamen im Kampfe um. Nur die beiden Männer entgingen allem, weil Vater und Sohn krank waren. Als dann die Belagerung aufgehoben wurde, da genasen sie von ihrem Übel.

Liä Dse VIII, 13

104

DER MENSCH, der königlich das *Leben* beherrscht, geht ungekannt dahin. Er schämt sich, allerlei Einzelkünste zu verstehen. Er ist gegründet in Wurzel und Ursprung, und sein Erkennen hat Anschluss an den Geist. Darum kommen die Kräfte seines *Lebens* allem zugute. Was aus seinem Herzen hervorkommt, wird von allen Geschöpfen aufgenommen. Darum: allein der *Sinn* gibt Dasein der Form, und allein das *Leben* gibt Licht dem Dasein. Der die Form erhält, das Dasein erschöpft, das *Leben* festigt, den *Sinn* leuchten lässt: ist es nicht der, der königlich das *Leben* beherrscht? Erhaben ist es, wie er unbedingt sich äußert, siegreich sich regt, und alle Geschöpfe folgen ihm. Das ist der Mensch, der königlich das *Leben* beherrscht. Er blickt hinein ins Unsichtbare; er horcht auf das Lautlose. Inmitten des unsichtbaren Dunkels sieht er allein es dämmern, inmitten des Lautlosen vernimmt er allein Harmonien. Darum: der Tiefen Tiefstes weiß er zu fassen; des Geistigen Geistigstes vermag er zur Samenkraft zu gestalten. So steht er inmitten der Welt der Dinge. Das äußerste Nicht-Sein muss seinen Zielen dienen; die fliehende Zeit vermag er zum Stehen zu zwingen. Großes ist klein für ihn; Langes ist kurz für ihn; Fernes ist nah für ihn.

Dschuang Dse XII, 3

105

DER ZIEHBRUNNEN
Dsï Gung war im Staate Tschu gewandert und nach dem Staate Dsin zurückgekehrt. Als er durch die Gegend nördlich des Han-Flusses kam, sah er einen alten Mann, der in seinem Gemüsegarten beschäftigt war. Er hatte Gräben gezogen zur Bewässerung. Er stieg selbst in den Brunnen hinunter und brachte in seinen Armen ein Gefäß voll Wasser herauf, das er ausgoss. Er mühte sich aufs äußerste ab und brachte doch wenig zustande.
Dsï Gung sprach: »Da gibt es eine Einrichtung, mit der man an einem Tag hundert Gräben bewässern kann. Mit wenig Mühe wird viel erreicht. Möchtet Ihr die nicht anwenden?«

Der Gärtner richtete sich auf, sah ihn an und sprach: »Und was wäre das?« Dsï Gung sprach: »Man nimmt einen hölzernen Hebelarm, der hinten beschwert und vorn leicht ist. Auf diese Weise kann man das Wasser schöpfen, dass es nur so sprudelt. Man nennt das einen Ziehbrunnen.«

Da stieg dem Alten der Ärger ins Gesicht, und er sagte lachend: »Ich habe meinen Lehrer sagen hören: Wenn einer Maschinen benützt, so betreibt er all seine Geschäfte maschinenmäßig; wer seine Geschäfte maschinenmäßig betreibt, der bekommt ein Maschinenherz. Wenn einer aber ein Maschinenherz in der Brust hat, dem geht die reine Einfalt verloren. Bei wem die reine Einfalt hin ist, der wird ungewiss in den Regungen seines Geistes. Ungewissheit in den Regungen des Geistes ist etwas, das sich mit dem wahren *Sinne* nicht verträgt. Nicht dass ich solche Dinge nicht kenne: ich schäme mich, sie anzuwenden.«

Dsï Gung errötete und wurde verlegen. Er blickte zur Erde und erwiderte nichts.

Es verging eine Weile, dann fing der Gärtner wieder an: »Wer seid Ihr denn eigentlich?«

Dsï Gung sprach: »Ich bin ein Schüler des Kung Dsï.«

柳堤閒篤

丙寅十月望日

邲池漁父寫

Der Gärtner sprach: »Dann seid Ihr wohl einer jener großen Gelehrten, die's den berufenen Heiligen gleichtun möchten, die sich rühmen, der Masse überlegen zu sein, und abseits sich in elegischen Klagen ergehen, um sich einen guten Namen in der Welt zu erkaufen. Wenn Ihr imstande wärt, all Eure Geisteskräfte zu vergessen und Euren ganzen Formenkram wegzuwerfen, dann könntet Ihr es vielleicht zu etwas bringen. Aber Ihr vermögt nicht einmal, Euch selbst in Ordnung zu halten: woher wollt Ihr Zeit nehmen, an die Ordnung der Welt zu denken? Geht weiter, Herr, stört mich nicht in meiner Arbeit!«

Dsï Gung war betroffen und erblasste. Er war verwirrt und kam ganz außer Fassung. Drei Stunden weit lief er, ehe er wieder zu sich kam. Da fragten ihn seine Schüler und sprachen: »Wer war denn eigentlich der Mann vorhin; warum wurdet Ihr bei seinem Anblick so betroffen und erblasstet, Meister, so dass Ihr den ganzen Tag nicht wieder zu Euch kamt?«

Er sprach: »Ich hatte vordem gedacht, dass es auf der ganzen Welt nur Einen großen Mann gebe, und wusste nicht, dass es noch diesen Mann gibt. Ich habe vom Meister vernommen, dass es der *Sinn* der berufenen Heiligen ist, in allen Taten das Mögliche zu erstreben, mit möglichst wenig Kraftaufwand möglichst viel zu erreichen. Nun seh' ich, dass das ganz und gar nicht der Fall ist. Wer den Ur-*Sinn* festhält, hat völliges *Leben*. Wer völliges *Leben* hat, wird völlig in seiner Leiblichkeit. Wer völlig ist in seiner Leiblichkeit, wird völlig im Geiste. Völlig sein im Geiste, das ist der *Sinn* der berufenen Heiligen. Jener lebt mitten unter dem Volk, und niemand weiß, wohin er geht. Wie übermächtig und echt ist seine Vollkommenheit! Erfolg, Gewinn, Kunst und Geschicklichkeit sind Dinge, die keinen Platz haben im Herzen dieses Mannes. Was er sich nicht zum Ziel gesetzt, das tut er nicht. Was nicht seiner Gesinnung entspricht, das führt er nicht aus. Und könnte er die Anerkennung der ganzen Welt finden, er würde sie für etwas halten, über das man stolz hinwegsehen muss. Und würde ihm der Tadel der ganzen Welt drohen, er würde ihn für etwas halten, das zufällig ist und nicht beachtet zu werden braucht. Wer so erhaben ist über Lob und Tadel der Welt, der ist ein Mensch, der völliges *Leben* besitzt. Demgegenüber komme ich mir vor wie einer aus der Masse des Volkes, der von Wind und Wellen umhergetrieben wird.«

Als er ins Land Lu zurückgekehrt war, teilte er dem Kung Dsï sein Erlebnis mit.

Kung Dsï sprach: »Jener Mann ist einer, der sich damit abgibt, die Grundsätze der Urzeit zu pflegen. Er kennt das Eine und will nichts wissen von einem Zweiten; er ordnet sein Inneres und kümmert sich nicht um das Äußere. Vor einem solchen Menschen, der die Reinheit erkennt, ins Ungeteilte eindringt, nicht handelt, zurückkehrt zur Einfalt, seine Natur festigt, seinen Geist in der Hand hat und dennoch verborgen in Niedrigkeit wandelt, hattest du Grund zu erschrecken. Die Grundsätze der Urzeit zu verstehen, bin ich ebensowenig fähig wie du.«

Dschuang Dse XII, 11

106

WENN EINEM ABSTOSSENDEN MANN
Wenn einem abstoßenden Mann
mitten in der Nacht
ein Sohn geboren wird,
dann zündet er zitternd ein Licht an
und hält es mit klopfendem Herzen
über das Kindergesicht,
um zu sehen, wem es ähnelt.

Dschuang Dse XII, 14

DIE FREUDE DER FISCHE

Tschuang-tse und Hui-tse
gingen über den Damm,
der das Wasser des Hao staut.

Tschuang sagte:
»Schau, wie frei
die Fische sich tummeln
und wie glücklich sie dabei sind.«

Hui erwiderte:
»Da du kein Fisch bist,
woher weißt du dann,
was Fische glücklich macht?«

Tschuang sagte:
»Da du nicht ich bist,
wie kannst du da wissen,
dass ich nicht weiß,
was Fische glücklich macht?«

Hui entgegnete:
»Wenn ich, der ich nicht du bin,
nicht wissen kann, was du weißt,
so folgt daraus, dass du,
der du kein Fisch bist,

nicht wissen kannst,
was sie wissen.«

Tschuang sagte: »Nur sachte!
Lass uns zu der
ursprünglichen Frage zurückkehren.
Du hast mich gefragt:

›Woher weißt du,
was Fische glücklich macht?‹
Den Worten deiner Frage zufolge
weißt du ganz klar, dass ich weiß,
was Fische glücklich macht.

Ich kenne die Freude der Fische
im Fluss
durch meine eigene Freude,
wenn ich denselben Fluss
entlanggehe.«

Dschuang Dse XVII,12

108

WERTLOSIGKEIT DER BÜCHER

Der Welt Wertschätzung des *Sinns* ist Wertschätzung der Bücher. Doch Bücher enthalten
nur Worte. Es gibt aber etwas, wodurch die
Bücher wertvoll werden. Was die Worte wert-

水真
渌呵
小可
吐空
行無
若
東
依

voll macht, sind die Gedanken. Es gibt etwas, wonach sich die Gedanken richten; das aber, wonach sich die Gedanken richten, lässt sich nicht durch Worte überliefern. Die Welt aber überliefert um der wertvollen Worte willen die Bücher. Obwohl die Welt sie wertschätzt, sind sie in Wirklichkeit der Wertschätzung nicht wert, weil das, was sie wert hält, nicht wirklich wertvoll ist. So ist das, was man beim Anschauen sieht, nur Form und Farbe, was man beim Hören vernimmt, nur Name und Schall. Ach, dass die Weltmenschen Form und Farbe, Name und Schall für ausreichend erachten, das Ding an sich zu erkennen! Form und Farbe, Name und Schall sind wirklich nicht ausreichend, um das Ding an sich zu erkennen. Darum: »Der Erkennende redet nicht; der Redende erkennt nicht.« Die Welt aber, wie sollte die es wissen?

Der Herzog Huan (von Tsi) las in einem Band oben im Saal. Der Wagner Flach machte ein Rad unten im Hof.

Er legte Hammer und Meißel beiseite, stieg hinan, befragte den Herzog Huan und sprach: »Darf ich fragen, was das für Worte sind, die Eure Hoheit lesen?«

Der Herzog sprach: »Es sind der Heiligen Worte.«

Jener sprach: »Leben denn die Heiligen noch?«
Der Herzog sprach: »Sie sind schon lange tot.«
Jener sprach: »Dann ist also das, was Eure Hoheit lesen, nur Abfall und Hefe der Männer der alten Zeit?«

Der Herzog Huan sprach: »Was Wir lesen, wie darf ein Wagner das kritisieren? Wenn du etwas zu sagen hast, so mag es hingehen; wenn du nichts zu sagen hast, so musst du sterben.«

Der Wagner Flach sprach: »Euer Knecht betrachtet es vom Standpunkt seines Berufes aus. Wenn man beim Rädermachen zu bequem ist, so nimmt man's zu leicht, und es wird nicht fest. Ist man zu eilig, so macht man's zu schnell, und es passt nicht. Ist man weder zu bequem noch zu eilig, so bekommt man's in die Hand, und das Werk entspricht der Absicht. Man kann es mit Worten nicht beschreiben, es ist ein Kunstgriff dabei. Ich kann es meinem eigenen Sohn nicht sagen, und mein eigener Sohn kann es von mir nicht lernen. So bin ich nun schon siebzig Jahre und mache in meinem Alter immer noch Räder. Die Männer des Altertums nahmen das, was sie nicht mitteilen konnten, mit sich ins Grab. So ist also das, was Eure Hoheit lesen, wirklich nur Abfall und Hefe der Männer des Altertums.«

Dschuang Dse XIII, 10

109

HUI SHIH KANNTE viele Rezepte. Seine Schriften füllten vier Karren. Aber seine Lehren waren exzentrisch und seine Worte fremdartig. Seine Worte verfehlten ihr Ziel. Hier seine Ideen über Wesen oder Dinge:

Das unendlich Große besitzt kein Draußen. Es nennt sich das größte Eine. Das unendlich Kleine besitzt nichts Inneres. Es nennt sich das kleinste Eine.

Was ohne Ausmaße ist, kann nicht vermehrt werden. Jedoch beträgt sein Umfang tausend Meilen.

Der Himmel ist so niedrig wie die Erde. Die Gebirge sind gleich mit den Sümpfen.

Wenn die Sonne ihren Zenit erreicht, geht sie schon unter. Ein Wesen stirbt, sobald es geboren ist.

Etwas, das sich in großem Maßstab ähnelt, unterscheidet sich von etwas, das sich nur geringfügig ähnelt. Das sind die kleinen Ähnlichkeiten und Unterschiede. Die Wesen sind sich gänzlich ähnlich und voneinander gänzlich verschieden. Das sind die große Ähnlichkeit und der große Unterschied.

Der Süden ist grenzenlos, hat jedoch eine Grenze.

Ich gehe heute nach Yüeh, wo ich schon gestern ankam.

Miteinander verbundene Ringe können voneinander gelöst werden.

Ich kenne das Zentrum der Welt: Nördlich von Yen oben im Norden, südlich von Yüeh unten im Süden. Da bist du.

Liebe gleichermaßen alle Wesen der Welt. Himmel und Erde formen eine Einheit.

Hui Shih dachte, dass dies als Öffnung zu einer umfassenden Sicht der Welt dienen könne und eine neue Morgenröte für die Diskussion darstelle. Und alle Sophisten unten im Reich drückten ihre Freude daran mit folgenden Sprüchen aus:

Ein Ei hat Federn, ein Huhn hat drei Füße.

In der Stadt Ying ist das ganze Reich.

Ein Hund kann als ein Schaf angesehen werden.

Ein Pferd legt Eier.

Ein Frosch hat einen Schwanz.

Feuer ist nicht heiß.

Berge entspringen Höhlen.

Ein Rad berührt nicht den Grund.

Das Auge sieht nicht.

Was wir anzielen, verfehlen wir, und wir erreichen, wovon wir uns nicht gelöst haben.

Eine Schildkröte wird größer als eine Schlange.
Das Winkelmaß ist nicht viereckig, der Zirkel
kann keinen Kreis machen.
Das Zapfenloch umschließt nicht den Zapfen.
Der Schatten eines fliegenden Vogels rührt sich
nie von der Stelle.
Trotz all' seiner Schnelligkeit gibt es Momen-
te, in denen der fliegende Pfeil sich weder
bewegt noch ruht.
Eine Welpe ist kein Hund.
Ein gelbes Pferd und eine schwarze Kuh ma-
chen drei.
Ein weißer Hund ist schwarz.
Ein verwaistes Füllen hatte niemals eine Mutter.
Ein Stock, den man täglich halbiert, wird in
zehntausend
Generationen nicht verschwinden.

Die Sophisten verwendeten diese Sätze in den
Debatten mit Hui Shih und schweiften damit
ohne Ende ab bis zum Ende ihres Lebens.

Dschuang Dse XXXIII

110

WER SEIN NICHTWISSEN WEISS,
ist erhaben,
wer es für Wissen hält, ist leidend,
nur der gesundet von seinem Leiden,
der sein Leiden erkannt hat als Leiden.

Der Weise aber leidet nicht,
weil er sein Leiden erkannt hat als Leiden,
darum leidet er nicht.

Tao Te King 74

111

WER LEBT: ein Fremdling ist er, stets auf
Reisen,
Und erst im Tode hat er heimgefunden.
Die ganze Welt ist nur ein Herbergsraum;
Jahrtausende hat nur der Staub verbunden.

Der weise Dschuang Dschou träumt, dass er
ein Schmetterling –
Oder träumt ein Schmetterling den Weisen?
Wandel, Wechsel ist ein jedes Ding,
Und das Weltall ist in ewigem Kreisen.

Ein gerader Baum wird auch als erster fallen;
Ein Zweig, der duftet, ganz von selbst ver-
brannt.

Was allzu straff und voll, mindert der Himmel;
Versunken-Dunkles bleibt dem Tao verwandt.

Zum Großen Tao kehrst heim du nur bei
Nacht.

Himmel und Erde – das ganze All – ist nur ein
Gästehaus,
es beherbergt alle Wesen insgesamt.
Sonne und Mond sind darin auch nur Gäste,
Laufgäste ewiger Zeiten.
Das Leben in dieser flüchtigen Welt
gleicht einem Traum.
Wer weiß wie oft wir noch lachen?
Unsere Altvorderen zündeten daher
Kerzen an, um die Nacht zu preisen ...

Li T'ai-bo (701-762)

112

ICH SEHE DAS LAND WU
sich fern im Osten breiten.
Ich spür das ganze All
schwebend im Gang der Zeiten.

Du Fu (712-770)

113

OB UNSER LEBEN
Traum oder Wirklichkeit?
Ohne zu wissen,
was Wirklichkeit ist oder Traum,
bin ich und bin dann wieder nicht.

Ono Komachi (834-900?)

114

ICH LIEB DIE TÄLER, tief und abgelegen,
und auch die Berge. Oft steig ich hinan
die steilen Hänge auf verschlungnen Wegen.
Und seh ich, wie die Bäume wachsend weiten
ihr Laubkleid, wenn die Sommerwinde wehn –
den Quell, aus Felsen sprudelnd, sich verbreiten
zum Bach – das große Werden und Entstehn –,
wie neid ich dann den Dingen ihre Fülle
und der Natur ihr zeitenloses Sein –
und fühl, mein Leben naht der großen Stille,
und eine große Stille hüllt mich ein ...

115

DAS GROSSE GLÜCK
Wo Menschen wohnen, hab auch ich
mein Hüttchen mir gebaut.
Es rasseln Wagen dran vorbei,
und Pferde wiehern laut.

Und fragt ihr mich, wie fügt es sich,
dass mir's vorm Lärm nicht graut,
so wisset: fernab liegt die Welt
dem, der sich selbst vertraut.

Ich pflücke Astern oft am Zaun
und blicke müßig hin
zum Südberg, wenn er überblaut
vom Himmelsbaldachin,
wenn nebelschwer der Hang ergraut,
im letzten Abendglühn
zu ihrem Nest im stillen Hag
die Vögel heimwärts ziehn.

Und fragt ihr mich, wie fügt es sich,
dass ich so glücklich bin,
so wisst: vergeblich würd ich mich
ums rechte Wort bemühn –
Es kündet doch kein Menschenwort
der Dinge tiefsten Sinn.

Tao Yuanming (365?-427)

高鳴常向月
善舞不近人
王治梅寫

116

DAS TURMHAUS WOLKENSCHAU
Wie oft noch wird sich dies erneuen,
dass Abend düstert, Morgen blaut?
Ich habe lange schon mein Leben
der großen Leerheit anvertraut.
Ich trat hervor, hab's nie gewollt;
schön wär es, heimzukehren.
Die Wolken weiß: so gleich dem Menschen,
der nach den Wolken schaut.

Su Tung-p'o (11. Jhdt.)

117

ES SIND NICHT DIE WORTE,
die den Menschen etwas begreifen lassen.
Man muss zuerst ein Mensch werden,
ehe man sie begreifen kann.

Reisigzweige, Japan, 17. Jhdt.

TAO FÜR DEN WESTEN?

Es lohnt sich für Menschen im Westen am Ende des 20. Jahrhunderts, in den Schriften der Taoisten auf die Suche zu gehen. Nicht weil man dort die Lösungen unserer vielfältigen Probleme oder definitive Antworten auf unsere Fragen finden könnte. Vielleicht trifft man zunächst eher auf viel Fremdartiges und uns Unverständliches. Was aber gleich am Anfang ansprechen dürfte, ist die Art und Weise, wie die Taoisten fragen, mit welchem Charme sie auch versuchen, ihre sehr vorläufigen Antworten zu formulieren.

Der Sinn von Tao sollte nicht so sehr erdacht oder durch Reflexionen umkreist werden. Tao, sein Sein und sein Sinn können letztlich nur erfüllt werden. Die höchste Barriere, die westliche Menschen dabei zu überwinden haben, ist vergleichbar mit jener Schwelle, die –

sehr vereinfacht gesagt – zwischen westlichem und östlichem Denken wohl liegt: der Subjekt-Begriff. Ernst Bloch hat in seiner Erörterung der Lehre des Lau Dse darauf hingewiesen: »Die Subjekte verlieren sich im Tao wie Töne in einer so großen Harmonie, dass sie gleich der Gesundheit unfühlbar, gleich der Unablässigkeit unhörbar wird«[42].

Die intuitive Erkenntnis kann wohl durch den Diskurs, das Gespräch mit dem Weisen ausgelöst werden. Das Erkennen oder Erfühlen des Tao kann aber auch im Traum geschehen. Nur, das Innere des Menschen muss sich auf das Tao, auf die »Begegnung« mit Tao vorbereitet haben. Dazu gibt ein Text von Dschuang Dse wichtige Hinweise (s. Nr. 118).

Wohl zu Recht wird heute im Westen auch die gesellschaftliche Relevanz der Religion gesehen und geachtet. Wie steht es aber damit beim Taoismus? Muss man nicht den Eindruck gewinnen, dass die Tao-Lehre ausschließlich etwas für Individualisten ist? Und haben sich nicht auch im früheren China Taoisten gerne in romantischer Abkehr von der Welt in idyllische Bergeremitagen zurückgezogen? Dies ist richtig, doch muss man auch sehen, dass der Taoismus keineswegs apolitisch ist. So haben nicht wenige Menschen in der Zeit des Nazi-Terrors im Tao Te King nicht nur Trost, sondern auch Weisung zu politischem Handeln gefunden. In den Flugblättern der »Weißen Rose« wurde Lau Dse häufig genannt und zitiert.

Die drei gesellschaftlichen Alternativrichtungen unserer Zeit (für Entwicklung, Abrüstung und Umwelt) könnten z.B. bei Lau Dse manche Anregung oder Bestätigung finden: als Verkünder der Maxime »Small is beautiful« und eines einfachen Lebens (s. Nr. 119).

Während das Tao Te King im Allgemeinen eine große Ruhe ausstrahlt, die Formulierungen mit Bedacht gewählt sind, wird Lau Dse erregt, wenn er vor dem Missbrauch der Gewalt und von Waffen warnt (s. Nr. 120).

Trotzdem ist Lau Dse kein schwärmerischer oder unrealistischer Pazifist. Er sagt ja, »der Edle«[43] solle nur gezwungen zur Waffe greifen. Und siegt er, ist dies für den Edlen kein Grund zur Freude (s. Nr. 121).

Allen taoistischen Philosophen ist der Respekt vor der Natur eigen. Gewaltsame Eingriffe in die natürlichen Vorgänge werden von ihnen abgelehnt (s. Nr. 122).

Diese Mahnung wird im Tao Te King mehrmals wiederholt (TTK 63, 64). Die »Kultivierung« der

Natur, ihre Verdinglichung beurteilen die Taois-ten mit großer Skepsis. Dschuang Dse wurde einmal gefragt, was man mit einem »unnützen« Baum tun solle, der so knorrig und verwachsen war, dass man ihn nicht zu Nutzholz hätte zersägen können (vgl. Nr. 98). Die Leute hatten diesen Baum »Götterbaum« genannt. Dschuang Dse's Antwort hat für heute eine große Bedeutung (s. Nr. 123).

Den Weg zum Tao sollte man also unter Begleitung der »Alten Meister« selbst einschlagen. Und wie wohl jeder Versuch, sich dem Ursprung zu nähern, sind auch der Weg zum Tao und der Weg (gleich Tao) selbst anstrengend und mühselig (s. Nr. 124).

Auch Lau Dse selbst ist als Sucher des Tao offenbar ein Einsam-Stiller gewesen. Bertolt Brecht lässt das in seinem bereits erwähnten Gedicht spüren (s. Nr. 129).

Tao und Stille sind eines. Am Tao ist nichts Auffallendes, Sensationelles, Exotisches (s.Nr. 125).

Vom Tao beeindruckt, schrieben Denker unserer Zeit markante Texte, wie einige Beispiele zeigen (s. Nr. 126-132).

DER MENSCH, in dem der Große Friede herrscht, strahlt das Licht des Himmels aus. Er strahlt das himmlische Licht aus, und doch sieht jeder Mensch in ihm einen Menschen, jedes Wesen in ihm ein Wesen. Da er sich als Mensch vervollkommnet hat, besitzt er nun Beständigkeit. Wer die Beständigkeit besitzt, ist durch den Menschen bewohnt, doch wird ihm durch den Himmel beigestanden. Insofern er vom Menschen bewohnt wird, nennt man ihn den Abkömmling des Himmels; und insofern ihm durch den Himmel beigestanden wird, nennt man ihn den Sohn des Himmels. Wer lernt, zielt auf etwas, das er nicht lernen kann; wer handelt, bemüht sich um etwas, das er nicht erreichen kann; wer diskutiert, zielt etwas an, das sich jeder Diskussion entzieht. Also, wer es versteht, halt zu machen, wo kein Mensch mehr etwas erkennen kann, erreicht das höchste Wissen. Wenn aber jemand diese natürliche Grenze nicht akzeptiert, wird ihm der Lauf des Himmels eine Niederlage bereiten.

Dschuang Dse XXIII,2

119

KLEIN SEI DAS LAND, das Volk gering an
Zahl.
So viele Werkzeuge es gibt, gebraucht sie
nicht!

Tao Te King 80

120

EIN BÖSES WERKZEUG sind Waffen.
Je besser sie sind, umso böser.
Als Unheilbringer verabscheut,
so huldigt ihnen auch nie, wer dem Dau dient.
...
Ein böses Werkzeug sind Waffen.
Sie sind kein Werkzeug des Edlen.
Gezwungen nur greift er zur Waffe.

Tao Te King 31

121

WER DES SIEGES sich freut,
ist der Mordlust verfallen.
Wer aber der Mordlust verfallen,
nie zwingt er der Welt seinen Willen auf...
Mit Trauerfeiern feiert den Sieg!

Tao Te King 31

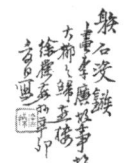

122

UNHÖRBAR IST die Sprache der Natur.
So weiß ich denn:
Nicht wider die Natur handeln
fördert der Dinge Gedeihen.
Aber
Belehrung ohne Worte,
Handeln, doch nicht wider die Natur –
gar selten trifft man dergleichen
in dieser Welt.

Tao Te King 23 und 43

123

DASS ETWAS KEINEN NUTZEN HAT:
Was braucht man sich darüber zu bekümmern!

Dschuang Dse I,5

124

DOCH FADE SCHMECKT DAS DAU.
Das Auge sieht es und erkennt nichts.
Das Ohr hört es und vernimmt nichts.
Wer nach ihm handelt, dem versagt es nicht.

Tao Te King 35

125

WURZEL WIEDERFINDEN heißt Stille.
[Tao =] ein Einsam-Stilles, in sich allein.
Reine Stille gibt der Welt das rechte Maß
zurück.

Tao Te King 16, 25 und 45

126

DAS WORT »TAO« bedeutet den Weg, die
Bahn; da es aber auch den Sinn von »Rede«
hat, ist es zuweilen mit »Logos« wiedergegeben
worden. Es ist bei Lao-tse und seinen Jüngern,
wo immer es metaphorisch entwickelt wird,
an die erste dieser Bedeutungen geknüpft.
Doch ist seine sprachliche Atmosphäre der des
heraklitischen Logos in der Tat verwandt,
schon darin, dass beide ein dynamisches Prinzip des Menschenlebens ins Transzendente
versetzen, aber im Grunde nichts anderes meinen als das Menschenleben selber, das aller
Transzendenz Träger ist. Von Tao will ich das
hier darlegen.
Man hat Tao im Abendlande zumeist als einen
Versuch der Welterklärung aufgefasst; bemer-
kenswerterweise fiel die Welterklärung, die
man darin erblickte, stets mit den Neigungen

der jeweiligen Zeitphilosophie zusammen; so galt Tao erst als die Natur, sodann als die Vernunft, und neuerdings soll es gar die Energie sein. Diesen Deutungen gegenüber muss darauf hingewiesen werden, dass Tao überhaupt keine Welterklärung meint, sondern dies, dass der ganze Sinn des Seins in der Einheit des wahrhaften Lebens ruht, nur in ihr erfahren wird, dass er eben diese Einheit, als das Absolute gefasst, ist. Will man von der Einheit des wahrhaftigen Lebens absehen und das betrachten, was ihr »zugrunde liegt«, so bleibt nichts übrig als das Unerkennbare, von dem nichts weiter auszusagen ist, als dass es das Unerkennbare ist. Die Einheit ist der einzige Weg, es zu verwirklichen und in solcher Wirklichkeit zu erleben. Das Unerkennbare ist natürlicherweise weder die Natur noch die Vernunft noch die Energie, sondern eben das Unerkennbare, dem kein Bild zureicht, weil »in ihm die Bilder sind«. Das Erlebte aber ist wieder weder die Natur noch die Vernunft noch die Energie, sondern die Einheit der Bahn, die Einheit des wahrhaften Menschenwegs, die der Geeinte in der Welt und in jedem Ding wiederfindet: Die Bahn als die Einheit der Welt, als die Einheit jedes Dinges.

Es darf aber die Unerkennbarkeit des Tao nicht so aufgefasst werden, wie man von der Unerkennbarkeit irgendeines Prinzips religiöser oder philosophischer Welterklärung redet, um dann doch darüber auszusagen. Auch das, was der Name »Tao« aussagt, wird nicht von dem Unerkennbaren ausgesagt; »der Name der genannt werden kann, ist nicht der ewige Name« (Lao-tse). Will man Tao nicht als das Notwendige betrachten, dessen Wirklichkeit im geeinten Leben erfahren wird, sondern als ein an sich Seiendes, so findet man nichts zum Betrachten: »Tao kann kein Dasein haben.« Es kann nicht erforscht, nicht dargelegt werden. Nicht bloß kann keine Wahrheit darüber ausgesagt werden, sondern es kann überhaupt nicht Gegenstand einer Aussage sein. Was darüber ausgesagt wird, ist weder wahr noch falsch.

Martin Buber, Die Lehre vom Tao (1910)

127

DIE WEISHEIT, die uns nottut, steht bei Lao-tse, und sie ins Europäische zu übersetzen, ist die einzige geistige Aufgabe, die wir zur Zeit haben.

Hermann Hesse (1919)

ICH BRAUCHE Ihnen kaum zu sagen, dass ich das Tao Te King für *das* politische Buch halte, das der Welt augenblicklich am meisten not täte: als Erlebnis und Verwirklichung.

Klabund (Alfred Henschke, 1919,
in einem Brief an H. Hesse)

129

LEGENDE VON DER ENTSTEHUNG des Buches Tao Te King auf dem Weg des Lao-tse in die Emigration

1

Als er siebzig war und war gebrechlich
Drängte es den Lehrer doch nach Ruh.
Denn die Güte war im Lande wieder einmal schwächlich
Und die Bosheit nahm an Kräften wieder einmal zu.
Und er gürtete den Schuh.

2

Und er packte ein, was er so brauchte:
Wenig. Doch es wurde dies und das.
So die Pfeife, die er immer abends rauchte
Und das Büchlein, das er immer las.
Weißbrot nach dem Augenmaß.

3

Freute sich des Tals noch einmal und vergaß es
Als er ins Gebirg den Weg einschlug.
Und sein Ochse freute sich des frischen Grases
Kauend, während er den Alten trug.
Denn dem ging es schnell genug.

4

Doch am vierten Tag im Felsgesteine
Hat ein Zöllner ihm den Weg verwehrt:
»Kostbarkeiten zu verzollen?« – »Keine.«
Und der Knabe, der den Ochsen führte, sprach:
»Er hat gelehrt.«
Und so war auch das erklärt.

5

Doch der Mann in einer heitren Regung
Fragte noch: »Hat er was rausgekriegt?«
Sprach der Knabe: »Dass das weiche Wasser in
Bewegung
Mit der Zeit den mächtigen Stein besiegt.
Du verstehst, das Harte unterliegt.«

6

Dass er nicht das letzte Tageslicht verlöre
Trieb der Knabe nun den Ochsen an
Und die drei verschwanden schon um eine
schwarze Föhre

Da kam plötzlich Fahrt in unsern Mann
Und er schrie: »He, du! Halt an!

7

Was ist das mit diesem Wasser, Alter?«
Hielt der Alte: »Intressiert es dich?«
Sprach der Mann: »Ich bin nur Zollverwalter
Doch wer wen besiegt, das intressiert auch mich.
Wenn du's weißt, dann sprich!

8

Schreib mir's auf! Diktier es diesem Kinde!
So was nimmt man doch nicht mit sich fort.
Da gibt's doch Papier bei uns und Tinte.
Und ein Nachtmahl gibt es auch: ich wohne
dort.
Nun, ist das ein Wort?

9

Über seine Schulter sah der Alte
Auf den Mann: Flickjoppe. Keine Schuh.
Und die Stirne eine einzige Falte.
Ach, kein Sieger trat da auf ihn zu.
Und er murmelte: »Auch du?«

10

Eine höfliche Bitte abzuschlagen
War der Alte, wie es schien, zu alt.
Denn er sagte laut: »Die etwas fragen

Die verdienen Antwort.« Sprach der Knabe:
»Es wird auch schon kalt.«
»Gut, ein kleiner Aufenthalt.«

11

Und von seinem Ochsen stieg der Weise.
Sieben Tage schrieben sie zu zweit
Und der Zöllner brachte Essen (und er fluchte
nur noch leise
Mit den Schmugglern in der ganzen Zeit).
Und dann war's soweit.

12

Und dem Zöllner händigte der Knabe
Eines Morgens einundachtzig Sprüche ein.
Und mit Dank für eine kleine Reisegabe
Bogen sie um jene Föhre ins Gestein.
Sagt jetzt: kann man höflicher sein?

13

Aber rühmen wir nicht nur den Weisen
Dessen Name auf dem Buche prangt!
Denn man muss dem Weisen seine Weisheit
erst entreißen.
Darum sei der Zöllner auch bedankt:
Er hat sie ihm abverlangt.

Bertolt Brecht (1938)

WELTGESCHICHTLICH IST die Größe
Lao-tses gebunden an den chinesischen Geist.
Grenzen Lao-tses sind Grenzen dieses Geistes:
Lao-tses Stimmung bleibt heiter in allem Leid.
Sie kennt weder die Drohung der buddhistischen Wiedergeburten, daher nicht den Drang
hinaus aus diesem Rad der Qual, noch kennt
sie das christliche Kreuz, die Angst der unaus-
weichlichen Sünde, die Angewiesenheit auf
die Gnade der Erlösung durch den stellvertre-
tenden Opfertod des Mensch gewordenen
Gottes. Es liegt in diesem Ausbleiben weltge-
schichtlicher Seinsanschauungen der indischen
und abendländischen Menschen mehr als das
Fehlen des Unnatürlichen und Absurden, als
ob etwa diese frühen chinesischen Menschen
das Glück gehabt hätten, nicht Gestalten
furchtbaren Wahns, als welche sie am Maße
chinesischer Natürlichkeit erscheinen können,
ausgeliefert gewesen zu sein. Welcher Zauber
liegt über diesem chinesischen Geiste, der so
unermesslich zu klagen vermag, aber nicht zur
Empörung in der Anklage gegen den Grund
der Dinge und nicht zum fassungslosen Ge-
horsam gegen das Unbegreifliche in bestimmt
offenbarter Autorität gelangt! Aber trotzdem

bleibt die Grenze der Chinesen. Es ist die, die uns dem Zauber ihres Wesen auch fremd bleiben lässt, als ob sie die Abgründe des Schreckens hier nicht in ganzer Tiefe aufgetan hätten. Die Chinesen haben nicht nur keine Tragödie in der Dichtkunst geschaffen, sondern das Tragische ist ihnen unzugänglich geblieben, so groß sie auch das Unheil zu sehen und zu erleben vermochten.

Wie ist nun diese Grenze bei Lao-tse für uns zu fassen? Wie alle größten Philosophen der Menschheit denkt Lao-tse aus dem Umgreifenden, ohne in ein Gewusstes sich fesseln zu lassen. Sein in das Weiteste gespanntes Denken lässt nichts aus. Er selbst ist nicht subsumierbar als Mystiker, als Ethiker, als Politiker. Seine tiefe Ruhe des Tao ist gewonnen im Überschreiten aller Endlichkeit, aber so, dass die Endlichkeiten selber, sofern sie wahr und wirklich sind, vom Tao durchdrungen werden. [...]

Dem chinesischen Geist ist die Welt natürliches Geschehen, lebendiger Kreislauf, das ruhig bewegte All. Alle Abweichungen vom Tao des Ganzen sind beiläufig, vorübergehend und immer schon auch zurückgenommen in das unverderbliche Tao selber. Uns Abendländern ist die Welt in sich nicht geschlossen, vielmehr bezogen auf das, was aus der Welt als natürliches Geschehen nicht begreiflich ist. Die Welt und unser Geist stehen in der Spannung des Ringens mit sich und dem anderen, sind ein entscheidendes Geschehen im Kampf, haben einen einmaligen geschichtlichen Gehalt. Lao-tse kennt nicht die Chiffre des fordernden und zornigen, des kämpfenden und Kampf wollenden Gottes.

In der Welt, in der Zeit, in der Endlichkeit – im Raum der Zwischenstufen – ist für uns unumgänglich, was bei Lao-tse fehlt: das Leben in Frage und Antwort und neuer Frage, das Gewicht des Entweder-oder, der Entscheidung, des Entschlusses, dieser paradoxen Grundwirklichkeit, dass in der Zeit entschieden wird, was ewig ist. Damit fehlt Lao-tse auch der Ansatz zur grenzenlosen Selbstreflexion, dieser, im Unterschied von der vollendeten Ruhe im Tao, in der Zeit nicht aufhörenden Bewegung; es fehlt dieses Sicherhellen, dieser Umgang mit sich selbst, dies ständige Vertreiben der immer wieder sich aufdrängenden Selbsttäuschungen und Verschleierungen und Verkehrungen.

Karl Jaspers, Lao-tse / Nagarjuna (1957)

180

UNÜBERHÖRBAR SPRICHT aus dieser
Abneigung gegen mechanisch-abstraktes Machen chthonische Erinnerung, Glaube an die
Erdmutter, die spendend-hütende; längst ver-
schollenes Mutterrecht wirkt in der Maxime
des Nicht-Machens nach als Spontaneität in
Ruhe. Und nicht grundlos reproduziert, sub-
limiert gerade Laotses Lebens-Tao damit Bilder aus der frühen Mutterrechtszeit Chinas: ist
doch Tao der uralte Name für eine tiergestal-
tige Weltgebärerin. [...]
Also ist Laotses Nicht-Machen durchaus mit
einer Art mitwaltender Wirksamkeit verbunden: kraft seiner Allianz mit dem Puls der Welt,
kraft seiner Abneigung gegen abstrakte Tech-
nik, die ohne Kontakt mit der Natur als Mutter
wirkt. Also enthält aber auch die verstandene
Lehre des Nicht-Machens eine Maxime, die
am Ende so fern von Quietismus sein kann,
dass sie konkreter Handlung am wenigsten
fremd bleibt, ja Revolution als Durchbruch ins
Fällig-Rechte heiligt. Es ist die Maxime: Be-
gonnen ist der Weg, vollende die Reise; dieses
Sinns erklärt Laotse das Nicht-Machen als Ein-
schwingung in die konkrete Wirkungskraft der
Welt: »Wird Tao geehrt und als Leben gewer-

tet, so bedarf es keiner Gebote, und die Welt geht von selber recht« (Kap. 51). Er spricht sogar einmal vom Machen des Nicht-Machens (wei wu wei), womit genau Herstellung der Konformität mit dem Welttakt gemeint ist, mit seinem mächtig-stillen Schlag. Teeduft zieht durch dieses Religions-All, so fern von Gewalttat, Roheit und Lärm; Anti-Barbarus ist hier am weltfrömmsten zu Glaube geworden, zur Mutterlandschaft des Waltens und Heilens. Ja der Friede, in dem Machen des Nicht-Machens sich bewegt, lässt Laotses Tao, ohne dass es irgendwo aus der Welt geriete, sogar als jene gänzliche Fülle von Unscheinbarkeit erscheinen, die das Stärkste im Schwächsten, das Wichtigste im Geringsten, fast Abwesenden sehen lassen mag.

Ernst Bloch, Das Prinzip Hoffnung, 1959

132

IN DUNKLEN ZEITEN hilft mir weder das Christentum noch der Buddhismus, da hilft mir nur die alte chinesische Philosophie: Der Taoismus ...

Luise Rinser (1982)

ANMERKUNGEN

1   *Jan Jakob Maria de Groot,* Professor für Sinologie
    in Berlin, benutzte diesen Begriff vermutlich als
    Erster in seinem Buch: Religion in China; uni-
    versism, a key to the study of Taoism and Con-
    fucianism, Putnam, New York – London 1912.
2   *Heiner Roetz,* Mensch und Natur im alten China,
    Lang, Frankfurt/M. – Bern – New York 1984.
3   *Kristofer Marinus Schipper,* Le corps taoïste – Corps
    social et corps physique, Fayard, Paris 1982.
4   Vgl. Texte Nr. 126-132.
5   *Elias Canetti,* Die Provinz des Menschen, Fischer,
    Frankfurt/M. 1976, 279f.: »Am Taoismus hat mich
    immer angezogen, dass er die Verwandlung kennt
    und gutheißt, ohne zur Position des indischen oder
    europäischen Idealismus zu gelangen.
    Der Taoismus legt den größten Wert auf Lang-
    lebigkeit und Unsterblichkeit in *diesem* Leben
    und die vielfältigen Gestalten, zu denen er ver-
    hilft, sind hiesige. Er ist die Religion der Dichter,
    auch wenn sie es nicht wissen ...«
6   *Karl Jaspers,* Lao-tse/Nagarjuna – Zwei asiatische
    Metaphysiker, Piper, München 1957 (1978).
7   *Richard Wilhelm – Carl Gustav Jung,* Das Geheim-

nis der Goldenen Blüte, Dornverlag, Berlin 1929. Jetzt: Walter, Olten – Freiburg/Brsg. [17]1986 und Diederichs, Köln 1986.

8   *Ernst Bloch,* Das Prinzip Hoffnung, Suhrkamp, Frankfurt/M. 1959, 1444-1450.

9   *Shih-Yi-Hsiao (= Siao Ci-Yi)* veröffentlichte 1947 eine italienische Übersetzung des Lau Dse (Laterza, Bari. Neudruck 1982).

10 Insel, Leipzig 1910. Jetzt: Manesse, Zürich 1987 und Insel, Frankfurt/M. 1996.

11 The Way of Chuang Tzu, New Directions, New York – Unwin, London 1965.

12 Jetzt in: *Martin Buber,* Werke, Bd. 1, München – Heidelberg 1962. Auch in: *Adrián Hsia,* Deutsche Denker über China, Suhrkamp, Frankfurt/M. 1985 282-318.

13 *Adrian Hsia,* Hermann Hesse und China, Suhrkamp, Frankfurt/M. 1974; 1981 (suhrkamp TB st 673), besonders 95-104. Sein Vater, Johannes Hesse, hat übrigens ein Buch über Lau Dse veröffentlicht (Basel 1914).

14 Auf dem deutschen Buchmarkt werden z.Zt. über zwanzig Übersetzungen angeboten. Mit Abstand die beste ist die von *Ernst Schwarz,* Laudse, Daudedsching, Reclam, Leipzig 1978; dtv, München 1980 (1994); Kösel, München 1995, aus der in diesem Buch zitiert wird, allerdings angepasst an die gebräuchlichere Schreibweise (Tao statt Dau usw.) und mit Zeichensetzung.

15 Vgl. Dschuang Dse XIII, 7.

16 *Richard Wilhelm,* Frühling und Herbst des Lü Bu We, Diederichs, Jena 1928; Düsseldorf – Köln 1979.

17 Von Dschuang Dse erschien bislang auf Deutsch nur eine Gesamtausgabe: *Richard Wilhelm, Dschuang Dsi – Das wahre Buch vom südlichen Blütenland,* Diederichs, Jena 1912. Jetzt: Diederichs, München 1991. Daneben gibt es z.Zt. drei Teilübersetzungen (Buber, Gia-Fu Feng/English/Luetjohann und Merton). Im Gegensatz zum englischen oder französischen Sprachgebiet ist das Angebot karg und veraltet. Im Folgenden wird Dschuang Dse aus der Übersetzung von Wilhelm zitiert, sofern nichts anderes angegeben ist.

18 Dschuang Dse II, 12. Nach der Übers. v. *Gia-Fu Feng/J. English/S. Luetjohann,* Irisiana, Haldenwang 1978.

19 *Richard Wilhelm, Liä Dsi – Das wahre Buch vom quellenden Urgrund,* Diederichs, Jena 1911; Diederichs, München [4]1992.

20 *Alfred Forke,* Geschichte der alten chinesischen Philosophie, Cram/De Gruyter, Hamburg [2]1964, 333f.

21 Die Verweise in Klammern beziehen sich auf die laufende Nummerierung der Texte in diesem Buch.

22 In der Übersetzung von Arthur Waley/Franziska Meister: *Arthur Waley,* Chinesische Lyrik aus zwei Jahrtausenden, Hamburg 1951, 204.

23 Bertolt Brecht, Legende von der Entstehung des Buches Taoteking auf dem Weg des Laotse in die Emigration (1938), in: Bertolt Brecht, Die Gedichte von Bertolt Brecht in einem Band, Frankfurt/M. 1981, 660ff.

24 Diese Symbiose von Taoismus und Buddhismus

im alten China bezeugt eindringlich das Buch »Bi-Yän-Lu – Meister Yüan-wu's Niederschrift von der Smaragdenen Felswand«, das bislang im Westen nur in jeweils einer englischen und deutschen Übersetzung (jener von W. Gundert) vorliegt, vgl. *Wilhelm Gundert*, BI-YÄN-LU – Meister Yüan-wu's Niederschrift von der Smaragdenen Felswand, 3 Bde., Hanser, München 1960-1973; Ullstein, Frankfurt/M. – Berlin – Wien 1983.

25 Peter-Joachim Opitz, Lao-tzu – Die Ordnungsspekulation im Tao-tê-ching, List, München 1967, 129.

26 Aus dem Französischen übersetzt aus: Philosophes taoïstes, Gallimard, Paris 1980 (Bibl. de la Pléiade), 136. Die französische Übersetzung ist von Liou Kia-hway und Paul Demiéville.

27 TTK 15, 28, 39, 41. Vgl. auch TTK 20, 52, 59, 61.

28 *Kah Kyung Cho,* Das Absolute in der taoistischen Philosophie, in: Transzendenz und Immanenz, Philosophie und Theologie in der veränderten Welt, hrsg. v. *Dietrich Papenfuss und Jürgen Söring,* Kohlhammer, Stuttgart – Berlin – Köln – Mainz 1977, 253.

29 TTK 10, 28, 52, 59.

30 Vgl. etwa TTK 25.

31 TTK 55 und 15.

32 Vgl. *Forke,* Geschichte, 337.

33 *Alfred Forke,* Die Gedankenwelt des chinesischen Kulturkreises, Oldenbourg, München – Berlin 1927, 45.

34 *Gellért Béky,* Die Welt des Tao, Alber, Freiburg/Brsg. – München 1972, 131.

35 *Karl Jaspers,* Lao-tse/Nagarjuna, 19.

36 *Alfred Forke,* Die Gedankenwelt, 38.

37 *Richard Wilhelm,* Lao-tse und der Taoismus, Frommann (Kurtz), Stuttgart 1925 (^{3}1987), 30.

38 Aus dem Englischen übersetzt aus: *Herbert A. Giles,* Chuang Tzu – Taoist Philosopher and Chinese Mystic, Allen and Unwin, London – Boston – Sydney 1980, 218.

39 *Richard Wilhelm* übersetzt Tao mit »Sinn«.

40 Vgl. ferner Dschuang Dse XVIII, 2. Dort wird über das Verhalten des Dschuang Dse nach dem Tod seiner Frau berichtet.

41 *Ernst Schwarz,* Chrysanthemen im Spiegel – Klassische chinesische Dichtungen, Rütten & Loening, Berlin (DDR) 1969, 93.

42 *Ernst Bloch,* Das Prinzip Hoffnung, 1450.

43 Es wird die – ziemlich gut fundierte – These vertreten, das Tao Te King sei eine Anleitung für die Prinzenerziehung gewesen.

QUELLENANGABEN

Tao Te King nach der Ausgabe von *Ernst Schwarz,* Kösel-Verlag, München 1995, ›Laudse, Daudedsching‹, angepasst an die gebräuchliche Schreibweise und mit Zeichensetzung.

Dschuang Dse in der Übersetzung von *Richard Wilhelm,* Eugen Diederichs Verlag, München 1991 (DG 14), ›Dschuang Dsi – Das wahre Buch vom südlichen Blütenland‹, und in der von Thomas *Merton,* Sinfonie für einen Seevogel, Herder Verlag, Freiburg/Brsg. 1996.

Liä Dse nach der Ausgabe von *Richard Wilhelm,* Liä Dsi – Das wahre Buch vom quellenden Urgrund, Eugen Diederichs, München ^{4}1992 (DG 28).

10 BI-YÄN-LU – Meister Yüan-wu's Niederschrift von der Smaragdenen Felswand, hrsg. v. Wilhelm Gundert, Carl Hanser Verlag, München 1960, Bd. 1, 494.

11 Wie Nr. 10, S. 63.

12 *Robert van Gulik,* Een gegeven dag, Elsevier Verlag, Amsterdam – Brüssel 1985, 171.

14 *Musashi,* Das Buch der fünf Ringe, Knaur Verlag, München o.J., 136.

16 *Heinrich Dumoulin,* Geschichte des Zen-Buddhismus, Bd. I: Indien und China, Francke Verlag, Bern und München 1985, 218.

35 Wie Nr. 15, S. 210-211.

58 Die Erfahrung der Goldenen Blüte, hrsg. von Mokusen Miyuki. O.W. Barth/Scherz Verlag, Bern – München – Wien 1984, 138.

59 *Ernst Schwarz,* Der Ruf der Phönixflöte – Klassische chinesische Prosa (2 Bde.), Verlag Rütten & Loening, Berlin (DDR) ³1984 © Ernst Schwarz.

61 *Karl Nötzel,* Östliche Weisheit, Heinrich F.S. Bachmair Verlag, Starnberg 1946.

68 *Hisamatsu,* Die Fülle des Nichts, G. Neske Verlag, Pfullingen ²1980.

73 *Stephan Schuhmacher,* Han Shan – 150 Gedichte vom Kalten Berg, Diederichs, Düsseldorf – Köln 1980 (DG 5).

76 *Issa,* Die letzten Tage meines Vaters, Dieterich'sche Verlagsbuchhandlung, Mainz 1985, 16.

77 Wie Nr. 61.

78 ZEN für Anfänger, hrsg. v. Judith Blackstone u.a., Rowohlt Verlag, Reinbek 1987, 130.

79 Wie Nr. 78, S. 138.

111/116 Die Gedichte bzw. Aussprüche von *Li T'ai-bo* (außer »Himmel und Erde ...«) und *Su Tung-p'o* bei *Günther Debon,* Li Tai-bo, Gedichte, Verlag Reclam jun, Stuttgart 1962 und *ders.* Mein Haus liegt menschenfern doch nah den Dingen – Dreitausend Jahre chinesischer Poesie, Eugen Diederichs Verlag, München 1988.

112 Lyrik des Ostens, hrsg. v. *Wilhelm Gundert* u.a., Carl Hanser Verlag, München – Wien 1978, 311.

114/115 Die beiden Gedichte von *Tao Yuanming* in der Übersetzung von Ernst Schwarz sind den »Heften für ostasiatische Literatur« (Bochum), Nr. 7 (1988), entnommen (43,47).

117 *Jean-Michel Varenne,* Zen, W. Heyne Verlag, München 1985, 172.

126 *Martin Buber,* Das Zitat aus »Die Lehre von Tao« erschien zuerst im Nachwort in: Reden und Gleichnisse des Tschuang-Tse. Deutsche Auswahl von Martin Buber, Insel-Verlag, Leipzig 1910, 102-104. Später in: M. Buber, Werke, Band 1, Schriften zur Philosophie, Kösel-Verlag München – Lambert Schneider-Verlag Heidelberg 1962, 1023-1051 (der gesamte Text!).

127 *Hermann Hesse,* Die Lehre von Tao, in: Hsia, Adrian, Deutsche Denker über China, Insel-Verlag, Frankfurt/M. 1985, 302-303.

128 *Klabund (Alfred Henschke,* 1919, in einem Brief an H. Hesse).

129 *Bertolt Brecht,* Hundert Gedichte 1918-1950, Aufbau-Verlag, Berlin (DDR) 1958 (113-116); oder: Die Gedichte von Bertolt Brecht in einem Band, Suhrkamp-Verlag, Frankfurt/M. 1981, 660-663; zuerst erschienen in: Bertolt Brecht, Svendborger Gedichte, Malik-Verlag, London 1939. Das Gedicht ist 1938 entstanden!

130 *Karl Jaspers,* Laotse, zuerst erschienen in: Aus dem Ursprung denkende Metaphysiker, R. Piper-Verlag München 1957, 290-325.

Die abgedruckten Textpassagen finden sich in: Karl Jaspers, Lao-tse/Nagarjuna – zwei asiatische Metaphysiker, R. Piper-Verlag München 1978, 58-59; 60-61.

131 *Ernst Bloch*, Das Prinzip Hoffnung, Suhrkamp-Verlag Frankfurt/M. 1959, 1447; 1448.

132 *Luise Rinser,* Publik-Forum 11 (1982), Nr. 12, 18.